有一種境界叫捨得

十週年典藏版

黃冠誠◎著

前言

「捨得」者，實無所「捨」，亦無所「得」。在得與失之間，要大膽地取捨，這是中華民族五千年古老智慧的精髓。

萬物循環往復，世事滄桑變幻，人生沉浮不定，均在捨得之中達到和諧統一。「捨」與「得」雖是反意，卻是一物的兩面，既對立又統一，是一個矛盾統一體。「捨」是放棄，卻成了成因，結出了「得」的成果，不捨者不得，得亦因捨而得。

世間，人們往往面臨多種選擇，取捨往往亂人心扉。對此，很多人眉頭緊鎖，給自己的心靈加了鏽跡斑斑的鐵鎖，於是生活的歡欣和幸福都被鎖住了。怎麼能夠解頤呢？正所謂「魚和熊掌不可兼得」、「自古忠孝難兩全」，在面臨選擇時要看到事物的大體趨勢和重點，學會捨棄，而非一味索取。

「捨得」是一種人生態度。人不到一定境界，是不會明白「捨得」兩字的真正含義的。捨並不意味放棄，而在於將來更高層次的獲得。這不是一種消極的人生態度，恰好是一種可取的、清醒的人生觀。一個人只有知道自己能做什麼，才能把有限的精力集中到真正的事業上，在「捨得」之中成就自己。

捨得不僅是生活的哲學，也是為人處世的藝術。人生在世，面對無限的誘惑與磨難，往往不得不在「捨得」面前徘徊彷徨。如果貪多求全，終將一無所獲。所以，在生活中我們要學會「捨得」，只有聰明取捨，才能讓生活變得簡單，才能獲得真正重要的東西，就算是忍痛割愛也值得。王昭君捨棄了錦衣玉食的宮廷生活，踏上了黃沙漫天的西域之路，卻得到了天下的一度太平與後世的無限讚美；李白捨棄了富貴，卻留住了「安能摧眉折腰事權貴，使我不得開心顏」的傲骨……，他們捨棄了功名、地位甚至是生命，得到的卻是更珍貴的人格的昇華與名留青史。

如果捨棄不了，也許得到的就是沉重的包袱。捨得一些東西，珍惜已選擇的東西，身上輕一點，內心單純一點，我們便可以跑得更快一點。明辨「捨得」之變，就能領略「捨得」之奧，使得心境平和通達，把有限的生命融入無限的大智慧中，在有限的時間內做最有效的事情，讓我們可以觀古今於須臾，扶四海於一瞬，成就一番偉業！

境界是發自於內心、無可取代的力量。「捨得」幾乎囊括了人生所有的真知妙諦。只要懂得捨與得，便能在生活、事業、人生中達到和諧統一。

本書從傳統哲學儒道入手，結合生活中的事例，涵蓋了情感、理財、職場、官場、處事諸多方面的內容，以獨特的視角闡明：「捨得，是一種大境界；是人生各個階段必須面對的挑戰；是人們在社會生活中應該掌握的生存藝術；是一堂人生的必修課」，並對捨與得進行評論，用通俗的評議剖析人性的弱點，闡述深刻的生活智慧，並總結出做人做事的成功法則，進而幫助讀者更開心地生活，更快速地成就事業。

前言

第一章 庸人自擾，人生何必太計較

第二章 適時放棄，是人生的大智慧

第五章 完美生活，捨得乃是引路人

第六章 感悟捨得，品味人生

第七章 情感密碼，捨得是朵解語花

第八章 智慧理財，捨得之間成大家

第九章 職場衝浪，在捨得中尋平衡

第十章 官場浮沉，博弈於取捨之間

第十一章
捨得哲學，成功的黃金法則

第十二章
領悟捨得，知足常樂享人生

捨得，有得必有失，有捨必有得。其實這是一種智慧，更是一種境界。

人生短短幾十年，要做的事太多，沒有時間去計較一分一毫的得失，不用把自己的每一步都當成神聖的一步，如果每個人都可以讓自己處於這種不計較的高貴心態之中，那麼人生就會更加絢麗多彩。

第一章

庸人自擾，人生何必太計較

1．心胸開闊天地寬

將軍額上能跑馬，宰相肚裡能撐船。——王安石

從古到今，凡是成功的人士，他們都是胸懷大志、目光高遠、寬大為懷、不耽溺於獲取蠅頭小利的仁人志士，他們都知道一個道理：寬厚待人，容納非議，乃事業成功、家庭幸福美滿之道。他們是真正懂得「取捨」之道的人。那些鼠肚雞腸，競小爭微，對蠅頭小利也耿耿於懷的人，很難出人頭地。所以，一個人要想在社會上立足，想做出自己的一番事業，就必須有大海一樣的胸懷。

有一副名聯說：「大肚能容，容天下難容之事；開懷一笑，笑世界可笑之人。」古人還說：「海納百川，有容乃大；壁立千仞，無欲則剛。」這些話強調的都是為人處世要豁達大度，發生衝突時要懷抱開放之心態，寬以待人。

是的，一個人如果真正地擁有了比海洋和天空還要寬闊的胸懷，那他無論遇到什麼難題，都能想得通，都能正確地去對待和處理。以寬宏大度的態度去對待別人，是一種美德、一種風度、一種仁愛無私的境界。人生之路需要寬以待人，成功之路上更需寬以待人。

心胸開闊，煩惱自然少

無論是在工作還是在生活之中，常常聽到這樣的聲音：我工作那麼努力，老闆卻給我那麼少的獎金；我為她付出了那麼多，她怎麼就不知道回報我一點呢；小王昨天說的那句話，是針對我的嗎？我有什麼地方對不起他嗎？……諸如此類的話，也許我們也曾經說過。

其實我們不是煩惱太多，而是胸懷不夠開闊。生活中，有很多這樣的人，他們總是抱怨自己過得不好，不如別人幸福，因此，他們總是處於一種不開心的狀態。其實，世界上幸福的人，不是擁有的太多，而是計較的很少。敞開你的胸懷，你會發現，原來世界這麼的美好！

一個人只有包容才能不斷壯大，才能吐故納新，生生不息。關於人的胸懷，有這麼一個故事：在印度有一位著名的哲學大師，在他的眾多弟子中，有一個弟子經常牢騷滿腹，怨天尤人，不是抱怨別人對他不好，就是抱怨飯菜不合味口。

哲學大師為了開導這個鼠肚雞腸、心胸狹窄的弟子，便吩咐他到市場買鹽。鹽買回來之後，大師又要這個每天都不快活的弟子抓一把鹽放進一杯水中，然後喝下去。

「味道如何？」大師問。這位弟子皺著眉頭說：「鹹得發苦。」大師又叫他再抓一把放進缸中，再叫他嚐嚐味道，弟子說：「有一點點鹹。」大師又吩咐他把剩下的鹽都撒進附近的湖裡，然後又叫他去嚐，這位弟子捧了一口湖水嚐了嚐，大師問道：「什麼味道？」「好像一點鹹味也沒有。」弟子答道。

哲學大師趁機教導這位弟子說：「生活中的不快和痛苦，就像這鹽的鹹味。我們所能感覺和體驗的程度取決於我們將它放在多大的容器裡，所以，當你開闊你的胸懷，就不會總被痛苦佔滿。」

是的，你的胸懷就是你生活中的容器。當你感覺命運對你不公的時候，當你慨嘆世態炎涼的時候，當你對生活感到不盡如人意的時候，當你工作中感到煩惱不順的時候，你就要放開自己的胸懷。在寬廣的胸懷裡，一切不快和痛苦都顯得那麼微不足道；在寬廣的胸懷裡，你將會活得快樂，過得幸福。

讓他三尺又何妨

在日常生活中，人與人之間難免會出現一些不愉快的事情，在這種情況下，放開胸懷，學會寬容，你就會贏得一個良好的人際關係，贏得別人的尊重。寬廣的胸懷，如一條清澈的河流，能平息、化解人們心頭的火；寬廣的胸懷，就像柔和的風，能吹走人們心頭浮動的陰雲；寬廣的胸懷，更像萬里晴空中的陽光，能融化封凍在心裡的那條誤會的冰河。

在安徽的桐城有個「六尺巷」，遠近聞名。據《桐城縣誌略》記載：大清康熙年間，文華殿大學士、禮部尚書張英世居桐城，其府第與吳宅為鄰。一次家人修建房子，因地基與鄰居發生爭執，家人為此上書告知張英，想通過他在朝中做官這一特權，得到地方官員的庇護，打贏這場官司。張英閱信後坦然一笑，揮筆寫了一封信，並附詩一首：「千里修書只為牆，讓他三尺有何妨？萬里長城今猶在，不見當年秦始皇。」家人接信後按其吩咐，主動讓地三尺，而鄰居吳氏也深受感動，退地三尺建宅置院。於是兩家的院牆之間有一條寬六尺的巷子，名為「六尺巷」。兩家禮讓之舉也被傳為美談。

這個化干戈為玉帛的故事流傳至今。為利益爭吵不休，可能導致無路可行，巷寬僅六尺，心路之寬卻無可量計。但是，現實生活中，多數人會為了一點小事而互相謾罵，甚至反目成仇、對簿公堂。如果他們對對方能多一點寬容，就不會針尖對麥芒，「干戈」也將化為「玉帛」，人與人之間就能和諧相處。

人們常說：「唯寬可以容人，唯厚可以載物。」在為人處世的過程中，只有心胸寬廣，才能寬容別人；也只有寬廣的胸懷，才能接納和容忍別人。當你和別人發生矛盾時，你不妨對自己說：「讓他三尺又何妨？」

容量大則福大，以寬大的胸懷包容對方，往往後福無窮。能真正懂得禮讓的人，人生的道路會越走越寬、越走越廣。

智慧品人生

你的胸懷越廣，包容的東西就越多，那麼你獲得的也就越多。留一步路寬，讓一份人前，學會「釋懷」方見天地寬。

2．埋葬過去，開闢未來

過去屬於死神，未來屬於自己。——雪萊

人生會不斷面臨新的開始，昨天過去了，明天又是新的一天。昨天，也許你擁有一段令人無比羨慕的成功，也許你品嘗了一段刻骨銘心的悲傷，或欣喜若狂，或愁雲滿面，你不必留戀也不必在意，因為成功也好，失敗也好，明天都會重新開始，要去重新開拓自己的人生。

昨天失敗了，不要緊，忘了它，總結失敗的教訓，繼續新的努力。即使昨天是成功的，那成績也只代表過去，明天依舊要重新開始。一個沉湎於過去的人，成功是永遠不會屬於他的。

過去不等於未來

在人的一生中，誰都不可能是一帆風順的，總會遇到一些麻煩和挫折。面對這些問題，每個人都會有一套自己的解決方法，有人會一個人看看書，聽聽音樂，或者乾脆出門散散心，然後第二天照常投入到工作和學習中；也有人會沉浸在痛苦中無法自拔，並苦苦地追問答案。

其實，昨天並不能代表什麼，不管昨天有多長，也不管是受到挫折，還是取得輝煌，都只能代表過去。過去的成敗，已是過眼雲煙，未來要靠現在。過去成功了，不等於未來還會成功；過去失敗了，也不等於未來還會失敗。成敗都不是結果，它只是人生過程中的一個事件。

人生最重要的不是你從哪裡來，而是你要到哪裡去。不論過去怎麼不幸，如何平庸，都不重要，重要的是你對未來必須充滿希望。只要對未來充滿希望，你現在就會充滿力量。

一個人不必為昨天的挫折失敗而頹喪氣餒、萎靡不振，也不必為昨天的勝利輝煌而沾沾自喜、狂妄自大。只有把昨天的挫折與輝煌都當做墊腳石，做好走向明天的準備，才能順利到達更美好的明天。

曾經有這樣一個青年，他原來生活奢侈，揮金如土。後來他意識到自己應該去過一種奮發向上的生活，便毅然告別那段紙醉金迷的日子。他勤奮寫作，筆耕不輟，終於成為舉世聞名的文學家。這個青年就是俄國大文豪列夫．托爾斯泰。

中國古代也有這樣的例子，晉國大夫周處年少時粗暴無理，人們對他避而遠之，他很想改過自新，但又覺得年華已逝，前途迷茫，然而在朋友的幫助下，他痛改前非，最終成為一代名臣。

過去屬於死神，未來屬於自己。過去與未來永遠不能畫上等號，因為昨天的陽光燦爛不代表明天的陽光明媚；昨日的慘痛失敗並不代表明日之路艱難坎坷；昨天的光輝歷史不代表明日的卓越成就。所以，請把你的過去交給死神，把未來留給自己。讓過去成為歷史，才能展望美好的未來！

「過去不等於未來」的觀念，要求我們用發展的眼光看待自己、看待成功。成功與目前的境況無關，過去的都過去了，關鍵是未來。過去決定了現在，但不能決定未來，只有現在的付出及正確選擇，才能讓我們未來的道路走得更順暢。

結束過去，開創未來

回首過去，不管是快樂還是傷心，已經煙消雲散，一切都變得無跡可尋。我們的生命在日復一日地循環中慢慢地成長和完善起來，不要讓昨天的記憶活在現實中，新的生活需要我們有新的感悟。我們必須在不同的生活階段有不同的領悟，才能充滿生機地去迎接生命中每個新的開始。

有這樣一個寓言故事：烏鴉、海鷗和麻雀聽說大海是個廣闊的市場，有很大的發展前景，到那裡的人們都能賺到很多錢。為了能夠跨入富人的行列，牠們三個決定一起去闖蕩一番。

烏鴉想做服裝生意，於是進了各式各樣的衣服。海鷗想：「海上的人食物很單調，我就販賣罐頭吧，不會變質，肯定受歡迎。」麻雀也變賣了所有的家當，又四處奔波，東挪西借，湊到一筆本錢帶上了。於是，牠們懷著各自美好的夢想上船了。

但是，事情並沒有牠們想像中的那麼順利，牠們的美夢很快就破滅了，一場突如其來的暴風驟雨把牠們的船打翻了。麻雀裝本錢的箱子，還有烏鴉和海鷗的貨物全都沉到了海底。唯一幸運的是，牠們三個都平平安安地回到了陸地上。

這一場風波對牠們的打擊非常大，牠們都不甘心夢想就這樣破滅了。烏鴉一直在想，說不定自己的衣服被海上的人撿到了穿在身上，於是派牠的親戚朋友站在路邊，有人路過就拉住不放，看看究竟是不是自己的衣服；麻雀垂頭喪氣，擔心遇到債主，白天就躲藏起來，到了夜深人靜的時候才謹慎地出來覓食；海鷗也心有不甘，整天在海上盤旋，琢磨著罐頭可能會沉到什麼地方，時不時潛下水去尋找。就這樣，牠們三個一直在尋找和躲避已經逝去的東西，卻沒有想過怎樣才能結束過去，重新開創未來。所以直到牠們老去，仍然一事無成。

如果我們一直活在對過去的回憶裡，即使是快樂的回憶，也不可能對以後的成功有所幫助。生命不止，變化就不會止，世界在變，人們的看法在變，過去的日子永遠跟不上現在的步伐。過去的輝煌只停留在過去，而人應該不斷地進步，只有不斷進步才有可能創造一個輝煌的明天。

3．人生得失尋常事

我將於茫茫人海中訪我唯一靈魂的伴侶，得之，我幸；不得，我命。——徐志摩

生活中，得與失原本就是和諧而有韻律的，有小失才能有大得；有局部之失，才能有整體之得。大地奉獻了泥土和水分，草木才能有鮮花和果實；失去了春天的蔥綠，才得到豐碩的金秋；農民付出了汗水，土地才報以豐收；樹葉翩翩起舞，難道不是風的給予嗎？魚兒活蹦亂跳，難道不是水的給予嗎？人失去了青春歲月，才能走進成熟……。

人生在世，擁有和失去是常有的事情。有失必有得，有得必有失。在得到的同時，就

必須付出失去的代價。失去，本是一種痛苦，但也是一種幸福，因為失去的同時也在獲得。得到，本是一種快樂，也是一種折磨，因為在得到的同時，你也會失去很多。

人生就是這樣，不斷地在得與失之間重複。只有能保持坦然平靜的心態、拋開得與失的束縛、遠離是與非的羈絆的人，才能活出精彩人生！

得中有失，失中有得

大千世界，得與失形影相隨：生命在一點一滴凝聚的同時，也在一分一秒地逝去。當我們擁有青春時，卻失去了無憂無慮的童年；當我們融入社會，學會了左右逢源時，卻失去了原有的純真和坦蕩；享受大都市的便捷生活時，卻失去了田園生活的悠閒；貪圖財、色、官時，卻失去了做人的正氣、道德和平常心。如果把人一生的得失全部收集，得為正數，失為負數，那麼兩者相加以後所得結果應該為零，這就是世間萬物均衡的道理。

有一個年輕人乘船去某個地方，船快到達目的地時，海上突然颳起了大風，船在巨大的風浪中沉了下去，幸運的是，他被風浪沖到了一座荒島上。每天，這個年輕人都坐在沙灘上翹首以待，希望有船來將他救出。第一天過去了，船沒有來，第二天過去了，船也沒有來，到了第三天，還是沒有船來，年輕人知道自己不能這樣苦等下去，為了能活下去，他弄來一些樹枝，給自己搭建了一個能躲避風雨的簡易的「家」。

一天，年輕人外出尋找食物時，忘了熄滅火源，大火頃刻間把他的「家」化為灰燼。年輕人眼睜睜地看著滾滾濃煙瀰漫在空中，悲痛交加，心中充滿了絕望，覺得自己再也活不下去了。第二天一大早，當他還在痛苦中煎熬時，風浪拍打船體的聲音驚醒了他——一艘大船正向他駛來，他被救了上來。「這麼長時間了都沒有人發現我，你們是怎麼知道我在這裡的？」他問救他上來的人員，「我們看見你燃放的煙火信號，就順著煙火把船開過來了。」年輕人聽後，簡直不敢相信，竟是那場大火救了他。

有人說：「如果你未曾經歷過悲傷，你就無法真正懂得快樂。」得失就是這樣的關係。

得之坦然，失之淡然

在這個世界，人類生而獲得，卻無處不失落，面對人生的種種得失，權衡並做出選擇時那種患得患失的滋味最令人難忘。

既然得失是人生尋常事，那麼，在得與失之間，就無須不停地徘徊，更不必苦苦地掙扎，應該用一種平常心來看待。清楚什麼是自己不可或缺的，什麼是對自己毫無意義的。然後，主動放棄那些可有可無、不觸及生命意義的東西，才能得到生命中最有價值、最必需、最純粹的東西。不懂「放棄」，不能主動「放棄」的人，終將自尋煩惱。

世界上沒有絕對的利，也沒有絕對的弊，得與失也是一樣的道理。不能捨棄別人都有的，便得不到別人沒有的。懂得生活的人失去的多，得到的更多。彌爾頓雙目失明後完成了最傑出的詩作；貝多芬雙耳失聰後創作出最傑出的樂章；帕格尼尼在沉默中用苦難的琴弦把曲子演奏到極致。這世界文化史上三大傑出人才，居然一個是瞎子，一個是聾子，一個是啞巴！他們之所以有那樣的成就，是因為他們有一顆平常心，能坦然面對生活中的得與失並化為動力。

命運向來是公正的，在這方面失去了，就會在另一方面得到補償。上帝關上一扇門，就會打開一扇窗。用賞識的眼光對待得與失，用良好的心態對待得與失，用長遠的眼光對待得與失，當你想明白了，想透徹了，你的心會非常透亮、輕鬆、快樂！

得與失，有時只有一線之隔，對於得失，你一定要認識分明。生活中，有的得不是想得就能得，有的失不是想失就可失；有的得是不能得的，有的失是不應失的。誰得到了不應得到的，就會失去應該擁有的。當貪婪者取得不義之財的同時，就失去了不應失去的廉正。因此，當得者得之，當失者失之。

坦然面對得失，得之，不要大喜，不可貪得無厭；失之，切勿大悲，不可失去精神。

正確看待得失，時常提醒自己，無論得到什麼，得到之後都有可能會失去，只有在得到時懂得加倍珍惜，失去的時候才不至於無所適從。世間萬物本來就是來去無常。我們所能做、所應做的只是在「得到」時珍惜它。

智慧品人生

人生之得，當以知識之得為得，當以智慧之得為得，當以美好的親情、愛情、友情之得為得，而擁有一顆真誠的心是獲得的根本。特別要記住的是，勿不勞而獲，勿貪得無厭。否則，你的生活就會失去和諧，你的人生就會失去韻律。無論得失，重要的是無愧於心，無愧於人，唯有如此，才可以把握得失平衡，少些因得失而帶來的困擾。

坦然面對得失，需要一顆平常之心，一顆淡然之心，一顆感恩之心，一顆博愛之心。能夠坦然面對得失，才會生活，才會快樂，才會幸福。

4．山不過來，我就過去

山不過來，我就過去。——《古蘭經》

命運掌握在自己手裡，而不是在別人的手裡。如果所面對的環境無法改變，那我們就先改變自己。如果改變不了環境，就應該學會去適應，並在適應過程中提高自己的能力，改造環境，獲得快樂。山不會自己走到你的眼前，那就換個心態，我們自己走過去，其結果不是一樣嗎？

山不過來，我就過去

《古蘭經》裡有這樣一則經典故事：有一位力大無比的大師，從小立志要練就一身移山的本事，他朝著這個堅定的目標去努力，幾十年過去了，終於練成了「移山之法」。有一天，一群人找到這位會移山的大師說：「大師，我們聽說您會移山的法術，能不能讓我們見識一下。」這位大師說：「好吧，就讓你們看看我的移山大法，我把對面那座山移過來讓你們看看吧。」說完，大師在一座山的對面坐了一會兒，一個小時過去了，對面的那座山紋絲不動，只見大師起身走到山的另一面，大部分人都嘲笑大師無能，也有一些人好奇地跟著一起往前走。

「表演完畢。」大師突然回頭對眾人說道。眾人都不知大師的意思，大師笑了笑，對他們說：「這個世界上根本不存在什麼移山大法，唯一能夠移山的辦法就是：山不過來，我便過去。」

「移山大法」啟示人們一個道理：無論做什麼事情，都要學會轉變思維角度，學會變通。如果事情無法改變，我們就改變自己。要想事情改變，首先得改變自己，這樣最終才可以改變屬於自己的世界。「山不過來，我就過去」，反映了一種生存的智慧。

在日常生活和工作中，很多人都會被身邊的一些事情和環境所困擾，認為別人對自己不好，自己所處的環境太壞等，於是心裡就會產生不平衡，脾氣也變得暴躁，生活品質下降，工作的熱情也會受到影響。改變自己雖然是痛苦的，就像被移植的大樹，要被砍去樹枝，承受長時間的苦痛，但苦痛之後，卻會有再度的蔥蘢。

改變自己，適應環境

阿咩大學畢業後，經過千辛萬苦，終於進入了一家不錯的企業，但工作不到一年，他就決定辭職，原因是他不喜歡這份工作，認為這份工作沒有他發揮之處；他不喜歡這家公司，認為公司缺少活力。

當他決定要辭職時，他問朋友小里：「你要不要跟我一起辭職，我看你做得也不是很開心。」小里點頭同意，兩個就約好一塊辭職。

但小里想了想又說：「直接這樣走不好吧，我們好聚好散，來的時候我們也應該給所有的同事、客戶一個好印象，我們在最後一天好好地表現，做好最後一件事情。」阿哞說：「好吧，我們給自己，也給對方最後一個機會。」

第二天早上，他們八點準時來到公司，煮咖啡、泡茶，把公司整理得乾乾淨淨，並對辦公室的同事們打招呼：「嗨！早安！」他們對所有上門的客戶態度都非常熱情，讓大家感受到他們真誠的態度。

快下班時，阿哞對小里說：「我們是不是應該遞辭呈了？」此時小里卻說：「開什麼玩笑，這麼好的工作，這麼好的一家公司，我們真的要辭職嗎？」最後，小里也勸阿哞留下來，說：「難道你今天沒有發現所有人對你都很熱情嗎？難道今天你沒有體現自己的價值嗎？」阿哞聽了朋友的話，陷入深思中……。

改變自己是適應社會的一種方法。當生活的境遇不能改變時，我們要學習改變自己。很多人覺得自己的人際關係不好、同事之間的關係緊張、家庭不和睦，總認為是別人不好，自己全都是對的，總想改變對方。事實上，這不大可能，因為對方也想讓你改變，所以到最後雙方都沒有改變。

最好的方法是在改變對方之前先改變自己，當我們在為生活或境遇煩惱苦悶時，要學會敞開一扇心靈之窗，換個角度看待生活、看待事物，不能因為一時處於惡劣的環境中就自暴自棄，止步不前。要知道，環境不是為你我而造的，我們應該學會適應它。

改變自己不是要你放棄自己的原則，而是讓自己有更多的舞臺、更多的機會來實現自己的理想。改變自己不是妥協，是一種以退為進的明智選擇。就好比要到達一個目標，多數情況下，直接走是行不通的，得繞個彎迂迴一下。

智慧品人生

面對不好的環境，也許我們每個人都埋怨過，灰心過，也等待過，想等待環境好了，自己再好好做。面對不好的環境，不是千方百計想辦法戰勝困難，而是先指責一番，用黃金般寶貴的光陰，換來無用的指責埋怨。其實，太多的時候，我們在想像中將困難擴大，如果你稍做一下改變，就會得到「柳暗花明又一村」的驚喜。

如果你無法改變環境，唯一的方法就是改變自己！

5．轉個彎，生活依然美好

橫看成嶺側成峰，遠近高低各不同。——蘇軾

換個角度看問題

人的一生，總免不了磕磕碰碰，像是遇到不快而生氣，或遇到天災人禍而痛不欲生等。當這種時候，你是怎樣處理的呢？看問題的角度不同，發現就不同，結論就不同，這會導致你心情不同，甚至影響你以後的人生。

當你自認為受到了委屈或不公平待遇時、當你出現工作失誤想怨天尤人時，不妨換個角度想想，看出一件事的不同面，讓自己從最壞的事中找到它另外的一面，從另一個角度開始，尋找另一種不一樣的風景。

有位哲人曾說：「我們的痛苦不是問題的本身帶來的，而是由於我們對這些問題的看法而產生的。」換個角度看自己，換個角度看世界，是一種解脫，一種高層次的智慧。

夏天的一個傍晚，一位船夫正準備划船上岸，突然看見一個女人從岸邊跳到水裡，船夫趕緊將船划到她身邊，把她救了起來。

跳河的是一位美麗的少婦，看著這位年輕的女人，船夫問：「妳年紀輕輕為何尋短？有什麼解決不了的事嗎？」

「我結婚才兩年，就被丈夫拋棄，接著孩子又病死了。您說我活著還有什麼意義？您為什麼要救我？」少婦哭泣著道。

船夫聽了她的話，沉思了一會說：「兩年前，妳是怎樣過日子的？」

少婦說：「那時我一個人，自由自在，無憂無慮⋯⋯。」

「那時妳有丈夫和孩子嗎？」

「沒有。」

「那麼妳不過是被命運之船送回兩年前。現在妳又可以自由自在、無憂無慮了，多好啊，請上岸去吧⋯⋯」，話音剛落，少婦如大夢初醒般揉了揉眼睛，又想了想，便走了。從此，她沒有再尋短見，並且開始了她的另一段人生。

船夫所做的，只是從另外一個角度幫那位少婦分析了自己的人生，但是，卻讓少婦獲得了新生，看到新生活的曙光。

僅僅是因為換了一個角度看待問題，就成了兩個世界。可見，換一個角度看問題，對我們的人生來說是多麼重要。若我們能夠換個角度，便會看得開、放得下那些生活中不如意的人和事。

對於人生常見的失敗，我們不妨認為失敗一次就會使人對成功的內涵理解得更透澈一層；失誤一次，就會讓人對人生的醒悟更添一分；不幸一次，就會使人對生活的理解更深一級；經過了一次磨難，就會使人對世事的認識更成熟一些。山不轉水轉，只要是有山有水，總會有柳暗花明的地方。

改變你的思維，生活依然很美好

有一對夫妻想要租一間房子，兩個人在一天之內看了好幾間，但都沒有中意的。到了太陽快下山的時候，奇跡出現了，兩人同時看上一間他們都非常滿意的房屋。

為了能快點搬進來，他們急著想付訂金，把房子訂下來。但是，房東卻是位比較「怪」的老先生：「租房子，我只有一個限制，那就是不租給有小孩子的家庭。」聽了房東的話，這對夫妻面面相覷，心頓時涼了一半，因為他們身邊帶著一個小孩子。

太太：「現在怎麼辦？租不到房子了。」

丈夫：「總不可能為了租房子把小孩丟了吧！我們寧可不租他的房子。」

太太：「但是我真的很喜歡這房子……。」

夫妻倆沮喪極了，牽著孩子的手準備離開，只見小孩回頭按電鈴，「叮咚！」房東又來開門，低頭看到小孩笑著說：「小朋友，有什麼事啊？」

小孩：「阿伯，我想租你的房子。」

房東說：「租房子？我還是那個條件，不租給有小孩子的家庭哦！」

小孩：「我知道！我還沒有小孩，我只有爸爸媽媽！你完全可以把房子租給『我』！」

房東聽了小孩的話，先是一愣，然後很乾脆地回答：「好！租給你了。」

大人辦不成的事，一個小孩子居然辦成了。原因何在，只因為小孩子的思考角度和大人完全不同。有位哲人說過：「苦難是一筆最好的財富。」改變你以前固有的思維和習慣，仔細地想一想，苦難不正是對人的體魄、心理和思想的最好磨煉嗎？這種磨煉能讓人具備與逆境抗爭所必需的條件，從而走出逆境，抵達成功的彼岸。

人生也如此，你有怎樣的生活想法，便有怎樣的人生，如果你總是帶著憂鬱、杞人憂天的情緒過每一天，相信你一定會很累，但如果你積極樂觀地走過四季，真誠地過好每一天，想必你的人生畫卷上處處都會有美麗的風景！從今天開始，打破以前的固定思維，你就會開始一段美好的人生。

生活中總有許多限制，不論限制是正面的還是負面的，不假思索地跟隨只會讓人不知其所以然。你有沒有這種經驗呢？一旦工作成了一種習慣，那刻板的邏輯也就隨之而來了，有時連泡杯咖啡這樣的小事都不懂得換個角度思考，這樣的思想是很可怕的！所以，換一種思維看問題，是一種明智的選擇。當你面對缺憾心中愁苦時，就邁開智慧的雙腳走一走，換個思考方法，也許事情就會「柳暗花明又一村」。

為人父母，當兒女拒絕做家事時，請不要生氣，換個想法去想，至少他（她）待在家裡，沒有上街去胡鬧。

如果妳是妻子，當丈夫總是拿著遙控器坐在沙發上只顧著看電視時，請不要生氣，換個想法去想，至少他和妳在一起，而沒有出去喝酒應酬。

如果開割草機太累，擦洗窗子太麻煩，修理排水槽太髒，請不要生氣，換個想法去想，這都是因為你自己有幢房子。

如果老闆總是像影子一樣跟著你，嚴密地監視你做事，請不要生氣，換個想法去想，謹慎小心地工作，犯錯誤的機率就會降低。

智慧品人生

在很多時候，一個人所有的苦難與煩惱，都是自己依靠過去生活中所得到的「經驗」做出的錯誤判斷，這時，我們不妨換個角度看待苦難與煩惱。「橫看成嶺側成峰，遠近高低各不同」，換個角度看人生，會有不同的景致。換個角度，就多一份成功的機會。轉一個角度看世界，世界也會無限寬大；換一種立場待人事，人事也許會變得不再複雜。

古人說，失之東隅收之桑榆。

在適當的時機放棄，不一定會失掉幸福，相反的會成就完美——經過淘洗的完美。人生不能追求絕對的完美，但我們可以追求經過放棄的完美。希望和美好會在放棄中重生滋長，在我們放棄美麗的時候，或許能重新獲得幸福，因為放棄也是一種美麗。

第二章

適時放棄，是人生的大智慧

1．將欲取之，必先予之

想不付出任何代價而得到幸福，那是神話。——徐特立

給予和索取，人生不變的經典論證話題，永遠達不到平衡的兩個端點。人是貪婪自私的，註定這個論題永遠沒結果。

對每個人來說，索取永遠要比給予少得多，每個人都認為自己無辜地給予了太多，索取得又太少，心理的天秤永遠達不到平衡點，爭吵的根源永遠是這個永恆的話題。每個人的索取對於自己來說都是正當的權利，對方的給予永遠不及自己給予的多，於是這個話題還會繼續。

其實人從生下來的那一刻開始，就在不斷地索取，向自己的父母、向大自然索求。他們已經習慣了索取，他們總希望別人為自己做些什麼，認為別人為自己所做的是理所當然的，從而造就了自私的本性，總是想讓別人給予，從未想過要付出點什麼，這種索取與給予的不平衡必然會導致自己一無所有。

「只有付出才有回報。」這句話是人人都知道的。有的人會說：「付出也不一定有回報。」但如果不付出，就更不可能有回報。其實人生就像是一本零存整付的存摺，你投入、

給予的越多，能索取、擁有的將會更多。

給予是為了更好的得到

富蘭克林有一句話：「如果你想交一個朋友，就請幫他一個忙。」換句話說就是：如果你想得到一樣東西，你就要為得到這樣東西付出一些事物。

在春秋時期，晉國當權貴族智伯倚仗權勢向魏桓子強行索要土地。魏桓子的謀士獻計，同意給土地，這樣智伯就會更加貪婪，會再向其他貴族要地，貴族們就會聯合對付他。後來智伯被貴族聯合打敗了，魏桓子也得到了更多的土地。

在這個世界上，有多少人在追求利益時犯了鼠目寸光的錯誤。他們看見的只是眼前的金錢，從來沒有看到背後隱藏的財富；只看見自己的利益，看不到人與人之間的互惠互利；他們只看見眼前的蠅頭小利，看不見遠方取之不盡的「寶藏」。我們都曾被表面上的利益蒙蔽雙眼，在獲得真正的財富的路上迷失方向，驀然回首時才懂得了給予的意義，其實給予是最好的得到的方法。

西方人信奉「施比受更有福」，而中國自古推崇「只管耕耘不問收穫」的老黃牛精神。《道德經》言：「將欲取之，必先予之。」西方人相信：「凡你所施予別人的，最終都會回到自己身上。」我們想有所「取」，必先有所「予」，有時給予也會帶來收穫，而一味保留可能會落得一無所有的下場。當我們學著付出所追求的東西時，我們同時也在編排一齣優雅生動、活力十足的舞蹈，它構成了永恆的生命的旋律。所以，請別再吝嗇手中的種子，因為你如果能將它們播撒，就能讓世界上每個角落都綻放出幸福的花朵。

2・理想，始於另一種放棄

越早放棄舊的乳酪，你就會越早發現新的乳酪。——斯賓塞・詹森

放棄不是逃避，而是對另一種人生理想的追求；放棄不是退縮，而是一個新的選擇的開始。放棄是一種開始，要將自己的生活重新定位，就需要放棄曾經擁有的東西。明白的人懂得放棄，真情的人懂得犧牲，幸福的人懂得超脫！

懂得放棄

勇於放棄的人應是有膽識與魄力的。他們能審時度勢，當機立斷。放棄無法實現的空虛夢幻，以免徒勞無益；放棄那些無法勝任的職位，以免心力交瘁；放棄那些沒有結果的愛情，以免獨自飲泣。

也許有人會說：「放棄了，我便一無所有。」放棄，自然要帶著一些疼痛。刺骨的寒風是樹葉飄落的動力，在完成生命最後的也是最美麗的旅程後，樹葉回到了大地，當樹葉在冬天不能再對大樹有益時，早早離去，「化作春泥更護花」。

在造物主眼裡，一切永遠都在開始。狂風勁吹，老樹轟然倒下，我們在嘆息老樹生命結

束的同時，為什麼不去想：不久，一棵幼苗將會在它倒下的地方重新生根發芽，新生命才剛開始。

「放棄不是一種過錯，放棄了生活的轟轟烈烈，才能享有平平淡淡；放棄了急流險灘，才能擁有溫馨港灣」。今天的放棄是為了明天能夠花紅滿樹，桃李芬芳。哲人早就說過：「魚與熊掌不可兼得。」面對生活的誘惑，我們必然要學會放棄一些東西，才能讓生活更加精彩，才能讓新的理想萌發出來，才會有新的成功。

感情也是一樣的，不要讓那段無謂的情感糾纏住最美好的瞬間，索性就用一張白紙記錄下所有的悲傷、煩悶、急躁與失落的心情，將其揉皺成團，丟進紙簍，然後對自己說：「好吧，重新來過。」只有放棄他才會遇見比他更完美的人，才會找到真正屬於你的幸福。

保持一顆平常心，營造一種境界，收穫一種性格。人一生會有許多過客闖進你的生活，只要把握好每一次的邂逅，相信每次都可以創造奇跡，在該放棄時也不強求！這樣，人生旅途才會走得更穩重、更加順暢。

人來到世界上，本來就是赤裸裸的，所以我們更不必擔心什麼，放棄是一種你我都有的權利。懂得放棄是人生的大智慧，適時地放棄是自知與明智的美麗結晶。有選擇、有放棄，這才是完美的人生，放棄一個實現不了的理想，才會實現另一個可以實現的理想。

放棄＝開始

生命中有些東西，像是握在手中的細沙，抓得越緊流失得越快。在我們的生活中，自己真正所需要的，往往要在事情過去許多年後才會明白，甚至有可能窮盡一生也不會明白！

面對已經擁有的，我們又因為曾經得而復失的經歷，而存在一份忐忑與擔心。因為擁有的時候，我們也正在失去，而放棄的時候，我們也許又在重新獲得。放棄或許是另一種生活、另一種理想的開始！

魯迅在日本留學時學的是醫術。一天，課堂上放映的影片裡有一個被說成是俄國間諜的中國人，即將被手持鋼刀的日本士兵砍頭示眾，而許多站在周圍觀看的中國人，雖然和日本人一樣身強體壯，但個個無動於衷，臉上是麻木的神情。

在中國人被砍了頭以後，他們也都鼓掌歡呼起來。而這每一聲歡呼，都深深地刺痛魯迅的心。他身邊一名日本學生說：「看這些中國人麻木的樣子，就知道中國一定會滅亡！」魯迅聽到這話，忽地站起來，向那個日本同學投去了威嚴不屈的目光，昂首挺胸地走出了教室，他的心像大海一樣洶湧澎湃。他清楚地認識到要拯救中國，首先要拯救中國人的靈魂。於是他下定決心，棄醫從文，決定用筆來喚醒中國老百姓。

從此，魯迅把文學作為自己的目標，用手中的筆做武器，寫出了《吶喊》、《狂人日記》等許多作品，向黑暗的舊社會發起了挑戰，喚醒了數以萬計的中華兒女。他夜以繼日地寫作，直到生命的最後一刻。

魯迅放棄了做醫生可能帶給自己的榮耀，放棄了自己最初的理想，他以筆為武器，深深地刺進敵人的胸膛。他調整自己的方向，每一次放棄的同時都意味著有另一個更明智的選擇。因為懂得適時放棄，他實現了更高的理想！

放棄，既是遍歷歸來的路，又是重登旅程的路；是對過去誘發深思的路，也是對未來滿懷憧憬的路。

智慧品人生

人生會遇到太多的誘惑，不懂放棄就只能在誘惑的漩渦中喪生；人生有太多的欲求，不懂放棄就只能任欲求牽著鼻子走；人生有太多的無奈，不懂放棄就只能與憂愁相伴。

我們應該懂得，錯過花，你將收穫雨。放棄對物欲的追逐，打開自己的心窗，尋一片美麗誘人的沃野，呼吸一下新鮮空氣，沉醉在花香與泥土的氣味中。

飄落是葉的必然，所以枝頭上的葉伸展著軀體，在為樹收集了陽光和雨露後，便悄然離開，去享受屬於自己的安逸。放棄就是為一條已經走到盡頭的路，尋求另外的出口，這個選擇無論怎樣艱難與迷惘，都會收穫意外的絢爛。

3．丟掉該放棄的

當鳥翼繫上了黃金時，鳥就飛不遠了。——泰戈爾

有人說：放棄不該放棄的是無能，不放棄該放棄的是無知。我們每一個人都是凡夫俗子，都沒有能力和精力擁有太多，也沒有權力要求那麼多。

堅持並非是最好的結果

人總是喜歡爭取一切自己看上的東西，總是下意識地認為只要自己爭取了，就一定能得到，但卻忘記了看看那個東西適不適合自己。美麗別緻的鞋子有時是不合腳的，當你撐足了面子，腳卻疼痛難忍。

生活在人世間，每個人的一生或多或少都有些無奈，如果我們有太多的放不下，就會有更多的無奈。放下就意味著釋懷，釋懷就意味著無憂無慮，這是人們追求的一種理想境界。

人生會面臨太多的誘惑，不願意丟掉這些本該放棄的東西，就會在誘惑的漩渦中受傷；人生有太多的欲望，在這些欲望的驅使下，有的人會拿起不該拿起的東西，捨不得放下，最終就會在人生的道路上迷失方向。

在日常生活中，總會有些事，即使我們經過百般努力，成功仍遙遙無期，這時我們就要學會放棄，繼續下去只會帶來慘痛的失敗，不妨換一個方式，換一種作息，或許這樣我們才會愜意無比。

如果我們在不經意中得到一個意外的便宜，在我們沾沾自喜之時，一定要提醒自己：便宜的背後，往往潛藏著陰毒的殺氣，會使我們跌進低谷，以至於遍體鱗傷。

如果你走進一條死巷，應該趕快放棄，及時回頭，這樣才會有新的契機。如果你的成功已達頂峰，更要學會放棄，急流勇退，才能給世人留下輝煌的記憶。如果費盡心思自己卻不能開心，那又何必再堅持，放棄未必不是更好的結果！

丟掉該放棄的，人生之大感悟

每個人總是希望有所得，以為擁有的東西越多，自己就會越快樂、越幸福。但有一天，我們會忽然驚覺：我們的憂鬱、無聊、困惑，一切不快樂、不幸福，都和我們的欲望有關，我們之所以不快樂，是我們渴望擁有的東西太多了，為物所累。

從前，有一個自認為很聰明的年輕人，他很好強，總是想在一切方面比別人強些，他最大的願望就是成為大學者。可是，一年一年過去了，他各方面都有長進，除了學業。他很苦惱，於是便去向一位禪師求教。

禪師說：「我帶你上山吧，到了山頂你就能明白為什麼，也會知道該如何做了。」那山上有許多晶瑩的小石頭，非常好看，年輕人也很喜愛這些小石頭。每見到他喜歡的石頭，大師就讓他把它裝進袋子裡背著，很快，他就走不動了。

「大師，再揹，別說到山頂了，恐怕連動也不能動了。」他疑惑地望著禪師。

「是呀，那該怎麼辦呢？」禪師微微一笑，「不放下揹著的石頭怎能登山呢？」年輕人一愣，忽覺心中一亮，向大師道了謝便走了。之後，他專注做學問，進步飛快⋯⋯。

我們的生活中，時刻都在取捨中選擇，背著包袱走路總是很辛苦，只有懂得放棄該放棄的，才能有更多精力獲得自己該得到的。在仕途中，放棄對權力的追逐，隨遇而安，得到的是寧靜與淡泊；在淘金時，放棄對金錢無止境的掠奪，得到的是安心和快樂；在走桃花運時，放棄對美色的占有，得到的是家庭的溫馨和美滿。懂得了放棄的真意，也就理解了「失之東隅，收之桑榆」的真諦。

智慧品人生

人們往往會在各種誘惑中迷失自己，從而跌入欲望的深淵，或者把自己裝入一個打造精緻、所謂「功名利祿」的金絲籠裡。

吝嗇鬼葛朗台一生為金錢所累，不但自己沒有得到期望的幸福，還斷送了妻子和女兒的幸福。相反，很多有志之士，視金錢如糞土，擁有「安能摧眉折腰事權貴，使我不得開心顏」的英雄豪氣，一生快樂無憂。

人生在世，需要放棄的東西，豈止只有金錢，其實還有很多，比如名利、地位、職權。所謂：「海納百川，有容乃大；壁立千仞，無欲則剛。」如果我們真能做到「無欲無求」、「淡泊名利」，那麼我們的人生就可以因輕鬆坦蕩而快樂起來。

4．放棄，傷感但美麗

一切都是暫時的，一切都會消逝，讓失去的變為可愛。——普希金

放棄是一種美麗，雖然放棄是傷感的、痛苦的，但放棄，是讓你告別「心苦」的處方。

放棄也是一種快樂

在我們的生活中，有時候我們要放棄自己不捨得放棄的感情，有時候我們要放棄一些我們不想放棄的事情和東西。如果不放棄，就可能什麼都得不到，所以為了得到更多，就要學會理智地放棄。

世間有太多美好的事物，對沒有擁有的美好，我們一直在苦苦地嚮往與追求。為此我們每天忙忙碌碌，對身邊的美景視而不見，對可貴的親情無暇顧及，甚至一個完全放鬆的心情，一段無夢的香甜睡眠，可能對許多人來說都成了一種奢望。

我們對生活的要求太多，食衣住行育樂，樣樣都不甘落後，一件一件地負在肩上，贅在心頭，最後反倒體味不到生活的原味了。我們總以為自己是在急匆匆地奔向令人快樂的人生目標，卻因此而疲憊不堪，身心憔悴。其實，我們只要放棄一些東西，放慢一下腳步，

就能感受到自然的美好與生活的香甜。

放棄是美麗的

放棄，並不意味著失去，因為只有放棄才會有另一種獲得。要想採一束清新的山花，就得放棄城市的舒適；要想有永遠的掌聲，就得放棄眼前的虛榮。

放棄是美麗的，對一般人而言，要達到這種境界似乎很難，現實中要放棄你的至愛的確很難，難到會心痛，難到會滴血……，但背著包袱走路更辛苦！選擇適合的時機有所放棄，是獲得快樂的最好方法。失去不一定要憂傷，反而會成為一種美麗；失去不一定是損失，反倒是一種奉獻。只要我們抱著積極樂觀的心態，失去也會變得可愛。

一個老人在上火車的時候，不小心把剛買的新鞋弄丟了一隻，周圍的人都為他惋惜。但是，讓很多人意料不到的是，老人立即把第二隻鞋從窗口扔了出去，沒有人可以理解他這種行為。只見老人微笑著解釋道：「這一隻鞋無論多麼昂貴，對我來說也沒有用了，如果有誰撿到一雙鞋，說不定還能穿呢！」

有時我們在面對一些事物的時候，與其抱殘守缺不如斷然放棄，成就別樣的美好。與其為失去而懊惱，不如正視現實，換一個角度想問題：也許你失去的，正是他人應該得到的。

這樣我們就會在為失去的東西感到傷心難過的同時，也得到一種解脫，得到一種快樂。

真正的快樂，是一種精神上的愉悅感受，如同幸福，它不是靠金錢和擁有多少東西來衡量的。當今社會上有些富商、老闆，終日紙醉金迷、揮金如土、渾渾噩噩，他們開著名車、住著豪宅，但是他們並不快樂。而有些名人，甚至是普通上班族，自己省吃儉用，樸素無華，卻用心致力於慈善事業，資助那些極需要幫助的人，他們雖然自己享受不多，內心卻非常充實、快樂。

智慧品人生

放棄，能讓我們正確地審視自己。放棄，是我們人生旅程的一種超越。放棄，是一種胸懷，更是一種昇華；放棄是一種睿智，它可以放飛心靈，可以還原本性，使你真實地享受人生；放棄是一種選擇，沒有明智的放棄就沒選擇的餘地。

為了獲得，我們忙忙碌碌。捨不得放棄的心緒，像一株寂寞的蘆葦，獨立在夜風中守望，把自己幻成一季秋色，但仍不免遭受蒼涼……。但是，並不是所有的探索都能發現鮮為人知的奧祕，並不是所有的跋涉都能抵達勝利的彼岸，並不是每一滴汗水都會有收穫，並不是每一個故事都會有美麗的結局。因此，我們應該學會放棄，明白這點，也許你就會在失敗、迷茫、愁悶、面臨「心苦」時，找回自己的人生座標，雖然很傷感，但是很美麗。

5・遠離欲望之火

故常無欲，以觀其妙；常有欲，以觀其徼。——老子

「生死根本，欲為第一」。欲望是人性的組成部分，是人類與生俱來的。人一出生，從喝第一口奶開始，就離不開欲望，想呼吸、想進食、想睡覺、想成功。

人的無限欲望，使生命遠離了幸福

佛洛伊德指出：「本能是歷史地被決定的。」作為一種本能結構的欲望，無論是生理性或心理性的，都不可能超出歷史的結構，它的功能作用是隨著歷史條件的變化而變化。

世間萬事萬物都有其自身的發展規律和內在本質，因此，欲望的有效性與必要性是有限

度的，而人的欲望卻是無限的，總有新的欲望會無休止地產生出來。在欲望的推動下，人不斷占有客觀的物件，欲望的過度釋放會造成破壞的力量。所以，過度推崇與放縱欲望也是愚蠢的。要節制自己的欲望，不要讓欲望在內心滋生，不要讓自己成為欲望的奴隸，做到「弱水三千，只取一瓢飲」。

曾經看過這樣一個故事：在大森林的邊緣住著一個小男孩，某年冬天，積雪覆蓋大地，小男孩家裡的柴和米都沒有了，他不得不出門滑著雪橇去拾柴。撿到了柴，小男孩把它們捆起來時，身體已快要被凍僵了，於是他想先就地升上一堆火暖暖身子。

他扒出了一塊空地，這時發現了一把小小的金鑰匙。他想，既然連鑰匙都是金的，那麼被鎖住的東西肯定更值錢了，便往更深處挖，不一會兒他挖出了個鐵盒子。

「要是這鑰匙能打開這鎖就好了！」他想，「那小盒子裡一定有許多珍寶。」他找了找，卻找不到鎖孔。最後他發現了一個小孔，小得幾乎看不見。他試了試，鑰匙正好能插進。他想轉動鑰匙，可是發現鑰匙不但轉不動，而且還拔不出來，最終一無所獲。

這就是欲望，假如把撿到的鑰匙拿去換錢，那麼他也會有些收穫，為什麼非得去找盒子呢？人生的許多不幸，大多不是來自本身的貧窮，而是來自本身的欲望。人們總是在得到一點小利以後就嚮往著更大的財富，並總是想在大量的物質財富裡獲得幸福，其實這想法是不正確的。

不記得是誰說的：我們的痛苦、我們的不幸，不是因為我們擁有的不夠多，而是源於我們對這個世界知曉得太多。如果不知道冰淇淋，夏天有白開水喝一樣過得很快樂。

其實一切與物品本身無關，而是與人的心境、心態有關。健全的心態，有助於我們不至於在物欲橫流中，讓幸福遞減下去。少一點欲望，幸福感才能長久地保存和延續。

割斷欲望之繩

人最大的弱點，就是隨著社會的發展，不由自主地從需求走向了欲望。「飽暖思淫慾」說的就是這個意思。吃飽了，還想吃得更好，還想吃出更多的花樣來；穿暖了，還想穿高級的、名牌的衣服；當我們從茅草棚裡搬進新瓦房又搬進樓房的時候，總覺得我這房子沒有別人的寬敞和豪華；當我們從步行到以車代步，坐過「本田」又換「賓士」的時候，還想到什麼時候能坐上「藍寶堅尼」。

從需求走向欲望，這個過程也許很短暫，但很危險，是要付出代價的。欲望像一頭獅子，會衝破道德的約束，無所顧忌地橫衝直撞，最終也只能是頭破血流、身敗名裂。就如在花天酒地中，一時很愜意，很瀟灑，很風流，但付出的代價是道德淪喪，人性泯滅，甚至觸犯法律。

有了欲望或者欲望太多，人活得就累了，時時處處追名逐利，忙於應付，疲於奔波，為了填補欲望，忘記良知、忘記親情、忘記道德法律，被無窮盡的欲望之繩牽著走，根本無暇顧及身邊的美好，任其白駒過隙。所以，我們要遠離欲望，不要讓自己的人生被欲望所折服，不要到最後才對自己感嘆：「心魔讓人起了貪念，差點鑄成大錯。」

從前有一個年輕人上山砍柴，他看到一件很奇怪的事，一頭牛圍著一棵樹團團轉。他怎麼也想不通。於是在經過一座寺院的時候，進去與一位老禪師一邊品茗，一邊閒談。

他問老禪師：「什麼是團團轉？」

「皆因繩未斷。」老禪師隨口答道。

「師父，你怎麼知道的呢？」年輕人說，「我以為師父既然沒看見，肯定答不出來，哪知道師父出口就答對了。」

老禪師微笑著說：「你問的是事，我答的是理，你問的是牛被繩縛而不得解脫，我答的是心被俗務糾纏而不得超脫，一理通百事啊！」

老禪師又說：「眾生就像那頭牛，被許多煩惱痛苦的繩子束縛著，生生死死不得解脫。」

是的，人的一生總是在名、利、權之間徘徊，殊不知，它們就是束縛我們的那根繩子，就像是一只風箏，因為被繩牽住，再怎麼飛，也飛不上萬里高空；一匹壯碩的馬，因為被繩牽住，再怎麼暴烈，也會被馬鞍套上任由鞭抽。為了錢，我們東西南北團團轉；為了權，我們上下左右團團轉；為了欲，我們上上下下奔竄；為了名，我們日日夜夜竄奔。是欲望之繩，讓我們為它團團轉，因而也錯過了人生中很多我們本該擁有的東西。

如果在我們的一生中沒有欲望或者欲望少些，我們會活得很輕鬆很灑脫，時時處處都能擁有體會生活之妙的心境，一根草，一朵花，一棵樹，一滴水，一隻飛鳥，都能讓我們停住腳步，毫無牽掛、毫無羈絆地去感受生活的美好。

智慧品人生

人一出生就擁有了七情六欲，即使是想「無欲」的人，本身就懷著一種強烈的欲望。所謂「存天理，滅人欲」，做得到嗎？欲望和欲望對象之間，有一種互相強化的關係，尤其是在欲望沒有得到滿足前更是如此。所以，隔絕欲望和欲望對象，便有助於將欲望維持在一定的範圍中。如果你不能主宰自己的欲望，那麼，你最好遠離那些令你迷惑的東西。有時候我們要停下匆忙的腳步，讓心靈回歸真樸，生活原來很美好。這樣的美好，無法用金錢買來。

克制欲望，唯有讓自己保持一個良好的心態。外部世界紛繁繚亂，眼可以花，但心不可以亂，要有非常的定力。內心時時保持平衡，不羨慕別人的好，更不嫉妒別人的好。

6・錯誤屬於以前，人生始於現在

聰明人永遠不會坐在那裡為他們的損失而哀嘆，他們會盡力尋找辦法來彌補損失。

——莎士比亞

每個人都有過去，有的人也許已經漸漸忘記，有的人也許正在努力忘記，有的人卻選擇不去忘記，因為有的人擁有美好的過去，有的人擁有慘痛的回憶，有的人曾被人傷害得很深……。

不要把自己留在昨天

一位武術大師曾經以一雙迅猛無敵快腿，令前來與之切磋武藝的人佩服得五體投地，用「威震武林」四個字來形容這位大師的腿腳功夫，實在是恰當至極。可是，好景不長，世事弄人，命運並沒有因他的快腿而照顧他，在一次上山採藥的時候，這位大師不小心掉下懸崖，雖然保住了生命，但是一雙腿卻摔斷了！過去迅猛無敵的快腿再也不存在了。

等到武術大師從昏迷中徹底清醒過來時，他沒有像弟子們想像的那樣慌亂，更沒有捶胸頓足地表達自己的痛苦和抱怨命運的不公，他還是和往常一樣，吃下一些飯菜，然後就像過去一樣坐在那裡練習內功，練習完內功，看著一臉疑惑的弟子們，武術大師說道：「我想說兩件事：第一，以後誰還想練腿腳功夫我還會像以前一樣認真教導，只不過很難再親自示範了；第二，從今天起我要練習臂掌功夫，我相信自己不會因為失去雙腿而變成廢人，你們也不必因為師父失去雙腿而放棄在武學上的修練。」幾年後，這位武學大師以其出色的掌上功夫贏得了更多人的敬仰。

當一位多年不見的老友看到他失去雙腿而流淚嘆息時，這位武學大師微笑著對老友說：「我把過去的一切都扔掉了，所以能輕輕鬆鬆地生活、練武，可是你怎麼還讓幾年前的痛苦擾亂久別重逢的興致呢？」

面對明天，我們不應該有所畏懼，也不應該再鬱悶彷徨，更不應該再膽怯。即使昨天我們有很多的失誤甚至錯誤，但那畢竟是昨天，你永遠也不可能回到昨天，我們能做的也只是從昨天裡走出來，仰望明天，不要把自己留在昨日。明日總會毫不猶豫地到來，即使明天有預料中的狂風暴雨，誰又能保證這暴風雨只會給人帶來災難呢？或許它也會給人帶來意料不到的收穫呢。

牛奶被打翻，不可能重新裝回杯中。任你後悔，任你哀嘆，任你捶胸頓足呼天喊地，任你三天不吃飯五天不睡覺，也不會改變這個事實。過去的已經過去，歷史就如「黃河之水天上來，奔流到海不復回」，不能重新開始，不能從頭改寫。

為過去哀傷，為過去遺憾，除了勞心費神，分散精力，沒有一點益處。不要浪費時間為已經無法改變的事情煩惱，因為煩惱對事情毫無益處。分析眼前的情況並尋求解決的辦法才最重要。莎士比亞說：「聰明人永遠不會坐在那裡為他們的損失而哀嘆，他們能盡力尋找辦法來彌補損失。」不為無法改變的事痛惜和後悔，更不去哀嘆和憂傷，是古今中外聰明人共有的生存智慧。

7．永遠不要放棄自己

別人放棄，自己還是堅持；他人後退，自己還是向前；眼前沒有光明、希望，自己還是努力奮鬥。這種精神，是一切科學家、發明家及其他有大成就的人物成功之原因。

——馬爾騰

每個人都有可能走到生命的谷底，那種被貧窮、被自卑、被無望折磨的、黑暗的、見不到光明的日子，像蟲子一樣啃咬著我們的心。人無論處於多麼痛苦不堪的境地，靈魂都要保持著清醒。有人說：「人往往不是被打敗的，而是自己放棄了自己。」

沒有人願意過那些低下、卑微的生活，關鍵是面對逆境如何成功地扭轉自己的人生。除了勇氣、智慧和信心外，持之以恆的努力才是接近目標的動力。不管做什麼，只要放棄了，就再沒有成功的機會。但不放棄就會一直擁有成功的希望？

在我們的一生中總有很多東西需要我們珍惜，也有太多的人需要我們感激，更有許多的不幸與苦難要讓我們去經歷和體驗，同樣也有很多東西要我們放棄，有時是放棄了選擇，有時是放棄了昨天，有時是放棄了追求，有時是放棄了……，放棄，也許是一種解脫，也許意味著失去，或許意味著無奈，或許……。其實無論如何，面對困難時，放棄再多也千萬不要放棄自己，也許再堅持一秒鐘就勝利了。

放棄自己就等於放棄了一切

有人說：請不要輕言放棄，放棄追求時也就放棄了希望；放棄痛苦時也就放棄了美好；放棄自己時也就放棄了所有；放棄可以展翅高飛的天空也就放棄了自由。

人生有高有低，最低的時候不要害怕，因為不可能再低下去，總有一天可以去更高的地方。邱吉爾在劍橋大學演講時說得很好：「我的成功祕訣有三個：第一是，絕不放棄；第二是，絕不，絕不放棄；第三是，絕不，絕不，絕不，絕不放棄。」

是的，人無論在什麼時候都不要放棄自己，全世界都可以放棄你，但是你不可以放棄你自己！因為在你放棄自己的同時，也就放棄了一切。

在失敗時，在人生的低谷，動輒拿出「死豬不怕開水燙」的無賴嘴臉出來，肆無忌憚、我行我素，最終的結果只能是在失去所有朋友後，連自己也失去，這種失去是不可挽回的。

在人前失去尊嚴，失去在別人心目中的美好印象，都可以後來彌補，但從心裡失去對自己的信心，把自己的人性忽略掉，那麼這個人已是名存實亡了，好比一座房子，頂梁柱倒了，房子也必然轟然倒塌。

有些人可能走到了人生的低谷，但是不能自甘墮落。即使是整個世界都把你看死了，你也要用實際行動證明自己生而為人的尊貴。

曾經有這樣一個故事，一個職業摔角高手，從輝煌走向困境，又從失敗走向成功。這個摔角高手在一次比賽中失敗了，而在接下來的幾年裡他再沒成功過，他的生活也陷入了困境。在這幾年當中，他的生活發生了翻天覆地的變化，家人、朋友遠離了他，身邊的人也對他諷刺和嘲笑，這給了他很大的打擊，他的心情糟糕透了。

某次大型的比賽中，他的對手是一個當前很出名的選手，而這名選手也正是在他人生走到低谷時，把他的妻子帶走的人，此時在賽場周邊坐著的自己的前妻，卻大喊著要那名選手打敗自己，看到前妻這樣的舉動，他的心被刺痛了。

比賽開始，他看到了裁判對對方的袒護，也聽到觀眾的嘲罵。他暗中對自己說：「我不能倒下，我要堅持！」……比賽結束了，他成功了，這結果令觀眾與他的前妻和敵人都感到震驚。

他的勝利沒有掌聲，沒有鮮花，因為不在人們的預料之中。然而，還是有一個記者來到了他的身旁，讓他面對觀眾講幾句話。他說：「是你們蔑視我的態度，使我變得堅毅。我告誡自己：『不要輸，只許贏！我要堅持，不要倒下，你們放棄了我，但是我不能放棄我自己。』」是的，如果自己不給自己加油，那你就不會再有勇氣走以後的路，也就意味著徹底失敗。

不要放棄自己。這個世界上，有很多門，沒有哪一扇是無法開啟的，只看你有心無心。沒有誰能封殺你，把路走死的，是自己。靈魂或肉體，都不能輕言放棄。自己對自己的鼓勵是重要的，鼓勵自己會讓你變得更有力量。

智慧品人生

一個健康的人可以幸福地說：「我擁有健康和快樂。」一個身障人士可以自豪地說：「我的心臟沒有停止跳動，我沒有放棄生活。」閃閃的群星不會因為自己的渺小而放棄在漆黑的夜晚發亮；細小的水滴不會因為自己的柔弱而放棄滴向堅硬的石頭；稚嫩的小樹不會因為狂風的肆虐而放棄自己的生長。所以，我們怎麼可以因為塵世的繁雜而放棄自己？當你想要放棄時，不妨想想，也許陽光就在轉彎的不遠處，如果此刻放棄就永遠觸不到成功，那就對自己說：挺住，成功源於堅持。

一個人最大的放棄是放棄自己，天生我材必有用，每個人都可以把自己發揮得淋漓盡致，都可以鑄就自己生命的輝煌，但前提是：絕對不能放棄自己！連自己也放棄的人，是永遠得不到世界一切美好事物的。

8．好漢要吃眼前虧

與人共事，要學吃虧。俗云：終身讓畔，不失一段。——左宗棠

吃眼前虧，賺長遠利

「好漢要吃眼前虧」的目的，是以吃「眼前虧」來換取其他的利益，是為了生存和實現更遠的目標。如果因為不吃眼前虧而蒙受巨大的損失，甚至把命都丟了，哪還談得上未來和理想？

在人們的心目中，好漢的標準是要光明磊落、果斷勇敢、敢作敢為，但在任何時候都會保護好自己的利益不受他人損害卻有待標準來衡量。如果因一時莽撞，逞血氣之勇，認為

「士可殺不可辱」，「忍不得一時之氣」的話，結果會為一件微不足道的小事，惹出意想不到的大事，吃了大虧，後悔都來不及。真正的好漢是不會那樣做的。

有時，吃點「眼前虧」，正是為了換取以後的「長遠利益」。敢於吃眼前虧的好漢，並不是面對危害自己的一點利益就不顧性命的一介莽夫，他們是在以眼前小虧換取日後大益。

古人說：「小不忍則亂大謀。」忍耐精神是一個人個性意志的表現，更是一個人處世的方法，學會忍耐，婉轉退卻，可以獲得無窮的益處。有不少人一碰到「眼前虧」，就會為了所謂的「面子」和「尊嚴」，甚至為了所謂的「公理」和「正義」而與對方搏鬥，有些人因此而一敗塗地，命喪他鄉！有些則獲「慘勝」但是元氣大傷！那時候你是否想過你到底是輸還是贏？

漢朝開國名將韓信是「好漢要吃眼前虧」的最佳典型，胯下之辱的典故世人皆知，如果他當時不受胯下之辱的話，恐怕要挨頓打，面對那些惡少們的有意刁難，即使不死也會丟掉半條命，如此，哪還有日後的統帥全軍，叱吒風雲！

他吃眼前虧為的就是保住有用之軀，留得青山在，不怕沒柴燒！這是一種聰明之舉，古語說得好：「吃虧人常在世，貪小便宜壽命短。」所以，當你碰到對自己不利的環境時，千萬別逞血氣之勇，寧可吃吃眼前虧，對你也許有好處。

有一個裝修器材的老闆，他沒有念多少書，也沒有任何背景，但生意卻是出奇的好，而且歷經多年，長盛不衰。說起他的經營之道其實相當簡單，就是他與每個合作者分利的時候，他都只拿小利，把大利讓給對方。這樣一來，凡是與他合作過一次的人，都願意與他繼續合作，而且還會介紹一些朋友，再擴大到朋友的朋友，於是許多人都因此成了他的客戶。人人都說他好，因為他只拿小利，但所有人的小利集中起來，就成了最大的大利，所以他才是真正的贏家。

在人際交往中，如果人們能捨棄某些蠅頭微利，也將有助於塑造良好的自我形象，獲得他人的好感，為自己贏得友誼和影響力。有句口頭禪說得好：「大人不計小人過。」即遇事不要與人斤斤計較，應該把便宜、方便讓給他人，這樣你與他人之間的矛盾就會減少，人際關係也會隨之融洽，這才是君子風範，大人的處世之道。

吃虧是福，吃小虧占大便宜。但吃虧也是有技巧的，會吃虧的人，虧吃在明處，便宜占在暗處，讓人被占了便宜還感激不盡，這也是經商的智慧。

吃虧是修為，是韜光養晦

吃虧並不是個褒義詞，為什麼還說要學會吃虧呢?做人要學會吃虧、甘於吃虧、善於吃虧，這並非是懦弱的表現，這在很大程度上是一個人品性、思想、行為的反映。

一般人不肯吃虧，聰明人甘於吃虧，而只有比聰明人更聰明的人才樂於吃虧。讓利於人、寵辱不驚、得失無悔、放平心態，人生就會擁有無盡的美好，這應該是一個人在社會上立足和處世的基本準則。

有人說，世界上什麼學問都好學，最難學的是吃虧，吃虧是一種本事，是一種素質，是一種美德，是一種修練，是一種涵養，更是一門學問。願意吃虧才會有權威，才會有號召力，多吃虧自然少是非，只要肯吃虧就能有作為。

但現實生活中，能夠主動吃虧的人實在太少，這並不僅僅是因為人性的弱點，很難拒絕擺在面前本來就該你拿的那一份，也不僅僅因為大多數人缺乏高瞻遠矚的戰略眼光，不能捨眼前小利而爭取長遠大利。要學會吃虧，最重要的一點就是要用堅定的人生信仰和執著的人生追求，去克服自身固有的狹隘心理，時時刻刻將心中的「私」壓抑到最低限度。特別是對待時下社會上無處不在、無處不有的橫流物欲和誘惑。

在大草原上，一頭兇猛的獅子建議九隻野狗同牠合作獵食。牠們打了一整天的獵，一共逮了十隻羚羊。

獅子說：「我們得分配一下這頓美餐。」

這時一隻野狗說：「一對一就很公平。」

獅子聽後很生氣，立即把牠打昏在地。其他野狗都嚇壞了，其中一隻野狗鼓足勇氣對獅子說：「不！不！老大，剛才我的兄弟說錯了，如果我們給您九隻羚羊，那您和羚羊加起來就是十隻，而我們加上一隻羚羊也是十隻，這樣我們就都是十隻了。」

獅子滿意了，說道：「你是怎麼想出這個分配妙法的？」

野狗答道：「當您衝向我的兄弟，把牠打昏時，我就立刻增長了這點兒智慧。」

這個故事告訴我們，「好漢要吃眼前虧」，「吃得眼前虧，可保百年身」。古語說：「吃虧是福。」這是對吃虧或忍讓的最好評價。因此，我們不要害怕吃虧，吃虧不但不是壞事，還可能會是好事，是在為我們自己培植福德。

智慧品人生

現實生活是殘酷的，很多人都會碰到不盡如人意的事情，殘酷的現實需要我們對人俯首聽命，這時，我們必須面對現實，要知道，敢於碰硬不失為一種「壯舉」，可是「胳膊擰不過大腿」這句話說得也很有道理，硬要拿著雞蛋去與石頭鬥狠，只能是無謂的犧牲。這時，就需要用另一種方法來迎接生活，要學會吃虧。吃虧不一定是一件壞事，我們總是在吃虧的過程中不斷地成長。

「君子坦蕩蕩，小人常戚戚」，面對功利，讓與他人，當時看你是吃虧了，但你卻給人留下了永不磨滅的印象。把吃虧當做一種福氣，是一個人思想的最高境界。能夠修練到這樣一種境界，正是人生的追求，也是人生趨向完美之時。

人生也罷，功業也罷，進退之道全在捨得之間。人生智慧的藝術在於捨與得。人生在世，功敗垂成，皆在取捨之間，喜怒哀樂，煩惱困擾，多由「捨」與「得」之間的艱難抉擇而生。在「捨」與「得」之間，自古就滲透著人世間古老智慧：當你緊握雙手，裡面什麼也沒有；當你打開雙手，世界就在你手中。

很多時候我們都應該懂得捨棄，生活中魚和熊掌能兼得的時候很少，所以真正的智慧在於捨得。聰明的人明白有捨必有得，不會強調得到全部，而是在經過認真考慮之後，捨棄不適合的，獲取適合的。

第三章

進退有數，把握取捨的藝術

1．有德才有得

小德小得，大德大得。有大德的人，才能大得；大得的人，必有大德。——老子

據有關專家研究，在很早以前，人們就非常重視「德」與「得」。「德」是以「得」的面目體現出來的，「德」與「得」是相輔相成、息息相關的。在人的一生中，「德」的修練，就是「得」的修練。在生活中，有「大德」的人，才能「大得」；「大得」的人，必有「大德」。

正如著名的「法蘭西斯想之父」伏爾泰所說的：「造就政治家的，絕不是超凡出眾的洞察力，而是他們的品格。」人格德性是最重要的，能力是相對而言的，好的品德是最可靠的事業資本。因此，良好的德性，不僅能使事業有所得，而且，還能得到有意義、有價值的人生和完美的未來。

德得相依

「德」作為一種精神境界，理性追求，作為參與者眾，涉及面寬，沒有止期的培修過程，內涵豐富，但並不玄祕，有時還十分簡單明瞭，簡單得像把尺，明白得像面鏡，隨時可以用來對照自己，檢測所有人。

而尺和鏡就是「得」字。用「得」能測出人品，照透心靈，判明其人「德」與否，鑑定「君子」真與偽。自己得而重德，則名垂青史。「德」予人民越多，「得」對己便越無奢求。所以「得」並非金錢名利，而是人心所向！相反，如果一個人棄德而貪得，那麼，必將墮落為一個失敗的人。

比如樂得其所，非分莫取，為理想為他人，應得既得都能「捨」就是「德」，反之，見利忘義，貪得無厭，得隴望蜀，欲壑難填，不惜以身試法，鋌而走險，卻偏又要裝作謙謙君子，何「德」之有？

古往今來，「德」與「得」都是如影隨形的。在「貪」得之後，緊隨的便是「缺德」。在歷史的長河中，因「德」而名垂青史者不乏其人，因「得」而身敗名裂者同樣是史不絕書。比如，得到非分的公款吃喝玩樂，便缺少了做公僕的德操；得到他人的賄賂，便缺少了當權者的德政……，但是貪圖這樣不義之財的人，最終毀滅的還是自己。此類現象絕不少見。這些人每「得」一次，就向葬送自己的墳墓進一步，輕則吃牢飯，重則丟腦袋，無不是自絕於人民。

有德才有得。做人以德為本，善始善終，總會有善的回報。如果再用這份得去築造德，將短暫的有形之得，融於身內長久之德，德將伴隨著人的本性，隨著時間的發展而產生變化，在人生的各個階段，將展現出不同層次的「得」來，用於家庭生活，用於工作和事業，用於造福人類。這時，一個人既具有為社會和他人做貢獻的優秀品德，又得到了回報，何樂而不為呢？擁有這種德行，不用尋「得」，得自然會來。正如孔子說的：「為政以德，譬如北辰，居其所而眾星拱之。」

古語有云：「得人心者得天下。」何以得人心，恐怕就非「德」莫屬了。在古代，立德就是做聖人，創制垂法，博施濟眾。隨著時代的發展，德就是常懷愛心，積善積德，爭做一個從內在涵養到外在風範兼具的高尚典範。

總之，只有立德於未來，只有善始善終的人，才會得到「善」的獎賞。正如古人所云：「積德之家，必有餘得；如不積德，必有餘殃。」

智慧品人生

德者，得也。古往今來均是如此。

品德決定著一個人能站在多高的頒獎台；決定著一個人的一生有多亮的心靈電流；決定著一個人的人生成敗的心靈力量。良好的品德是我們每個人人生大廈最堅實的基石。作為二十一世紀的開拓者，必須具有良好的品德，因為，良好的品德是成才立業、奮發有為的前提。

2．與其抱怨，不如努力

臨淵羨魚，不如退而結網。——《漢書．董仲舒傳》

有的人在不如意時只會一味地抱怨，於是他們終日鬱鬱寡歡、牢騷滿腹。而有的人在不如意時不煩躁、不抱怨，平靜對待，努力改變，因為他的心裡時常裝著希望。

一味抱怨的人只會在原地徘徊，自以為是地咒罵眼前的「陰暗」，卻不知道那「陰暗」正是自己的影子。而努力去改變的人，總能用智慧發現機會、把握機會，使原本無奈的人生過得精彩而美好。

曠達也是一種智慧

所有的失敗都是在為成功做準備。抱怨和洩氣，只能阻礙成功向自己走來的步伐。放下抱怨，心平氣和地接受失敗，無疑是智者的姿態。抱怨無法改變現狀，拼搏才能帶來希望。真的金子，只要自己不把自己埋沒，只要一心想著發出閃光，就總有發光的那一天。

羅斯福小的時候，不但外表醜陋，還患有嚴重的氣喘症，說話也含混不清，幾乎沒人聽得懂。但就是這樣的一個男孩，後來竟成為了美國第二十六任總統。

別人問羅斯福成功的祕訣時，他說：「那就是不抱怨，多努力。」天生的缺陷沒有使他自怨自艾，而且，它還造就了羅斯福的奮鬥精神。他經過長期的鍛煉和學習，不僅克服了氣喘的毛病，而且擁有了一副好體魄。

更讓人吃驚的是，以前說話含混不清的他，通過刻苦自勵和積極參加活動，社交能力和口才也得到了大幅度的提高。上大學後，他還常常利用假期，到亞歷山大去追逐牛群，到洛杉磯去捕熊，到非洲去捉獅子。這些，使曾經缺陷明顯的羅斯福獲得了勇敢和強壯，為他以後成功競選總統奠定了堅實的基礎。

不幸的是，中年的羅斯福得了脊髓灰質炎（又譯小兒麻痺），但坐在輪椅上的他，依然是那麼的堅強和自信。他說：「我就不相信這種娃娃病能夠擊倒一個堂堂男子漢！我要戰勝它！」後來，在自己的積極努力下，他終於站了起來。幾年後，羅斯福競選紐約州州長成功。

縱觀古今中外，很多人生的奇跡，都是那些最初拿了一手壞牌的人創造的。不要總是埋怨生活，不要總以為生活辜負了你。要知道，一味地抱怨不但於事無補，有時還會使事情變得更糟。所以，不管現實怎樣，我們都不應該抱怨，要靠自己的努力來改變現狀並獲得幸福。

上帝對每一個人都是公平的。給予了你此，便不會給予你彼，給予了你彼，便不會給予你此，總之，十全十美的事情是沒有的。我們所取得的一切，都是我們自己努力的結果。

有的人努力多，得到的就多；有的人努力少，得到的就少。所以，生活在這個世界上，我們不需要抱怨什麼。對自己現狀不滿意的時候，與其抱怨，不如仔細檢討自己什麼地方不如別人。

與其詛咒黑暗，不如點亮蠟燭

很多人都曾這樣抱怨：有的人生下來的時候就含著金湯匙，他們是這個世界上的天之驕子。我們窮其一生也達不到的目標，他們卻可以輕鬆地達到。

我們該抱怨生活嗎？我們不應該，因為我們也曾迫不及待地收下它惠賜給我們的一切，卻在它變得不再輕鬆愉快的時候就立刻抱怨它。生活由酸、甜、苦、辣、鹹五味組成，當品嘗過它的甜美後，你就不得不再去品嘗一下它的辛、酸、苦、鹹。甜美的日子固然讓人高興，但如果生活中只有甜，生活便不是完整的。辛酸苦鹹的味道固然不佳，卻能讓你意志更加堅強，思想更加成熟。沒有經歷過辛酸與苦鹹，你就白來這世上走一遭了。

有這樣一個故事：在古代有一個小村子，鬧了旱災，有一家人，家裡窮得什麼都沒有了，小兒子瘦得皮包骨，爸爸媽媽沒有辦法，只好帶著孩子來到街口乞討。可是一整天過去了卻毫無收穫，小男孩餓得快暈倒了。

爸爸媽媽非常著急，用比祈禱更虔誠的心央求上帝救救他們的兒子。於是，上帝派遣使者來到人間。使者對他們三個人說，我可以幫助你們每人實現一個願望，這一家人聽了將信將疑。

先是孩子的媽媽迫不及待地對使者說：「我希望你能為我們變出一車麵包，我要讓我的兒子吃得飽飽的。」剛說完，眼前就真的出現了一車麵包。孩子的爸爸先是非常驚奇，轉而又特別生氣，不斷抱怨妻子沒頭腦，浪費這麼好的機會只換來一車廉價的麵包。

當使者問他有什麼願望時，他很憤怒地說：「我不要這些廉價的麵包，請你將這個笨女人變成一頭蠢豬。」剛說完，麵包神奇地消失了，孩子的媽媽也真的變成了一頭豬。

這可把孩子嚇壞了，他邊看著眼前的「豬」傷心哭泣，邊對使者說：「求求您，我不要豬，我要媽媽。」孩子的話音剛落，媽媽就真的變了回來。

使者很無奈地說：「我已經給了你們希望，但就因為抱怨，你們把機會全都浪費了。」說完使者不見了。一家人還是回到了使者出現前的狀態，沒有麵包沒有豬，孩子依然餓得直哭。

是的，因為他們的抱怨，讓他們回到了最初的狀態。這說明，抱怨只是徒勞，世界並不會因為我們的抱怨而改變，甚至有時候，機會也會因為我們的抱怨而悄然溜走。

在這個世界上，沒有一種生活是完美的，也沒有一種生活會讓一個人完全滿意，我們做

不到從不抱怨，但我們應該讓自己少一些抱怨，多一些積極的心態去努力爭取。

智慧品人生

總是有人會抱怨自己的工作，認為別人的工作是那麼輕鬆、那麼高薪、那麼體面，而自己的工作，總是那麼辛苦，薪水、獎金卻比別人少。工作太累抱怨老闆，家庭不睦抱怨沒有一個好老爸或沒嫁個好老公……。

為什麼抱怨的人會說活得這麼累，因為他只看到了自己的付出，沒有看到自己的所得。不要抱怨你的專業不好，不要抱怨你的學校不好，不要抱怨你住在破房裡，不要抱怨妳的男人窮或你的女人醜，不要抱怨你沒有一個好爸爸，不要抱怨你的工作差、薪水低，不要抱怨你空懷一身絕技沒人賞識你，現實有太多的不如意，就算生活給你的全是垃圾，你同樣能把垃圾踩在腳底下，登上世界之巔。

其實，抱怨只是一種情緒的發洩，於事無補。不停地抱怨，只能放大原來的煩惱，如果想抱怨，生活中的一切都可能成為你抱怨的對象，如果不抱怨，換一個角度想問題，你會發現，通過你的努力，你能改變事物，並獲得成功和幸福的體驗，因為事情總包括兩個方面，就看你怎麼看問題了。

這也就是說，與其抱怨，不如努力。做到這些，當你為了一個目標而勇往直前的時候，全世界都會為你讓路！

抱怨並不能改變你的命運，只會使你更加頹廢；抱怨只會繁衍過去的不幸，加重你的負面心情和不滿情緒。抱怨已不只是人性的迷茫，更是人性的潰瘍。不要抱怨太多，不要只會羨慕別人，「與其臨淵羨魚，不如退而結網」，耕耘好自己的一方田地。

3．猶豫，留下永遠的遺憾

當斷不斷，必受其亂。——諸葛亮

人生沒有太多的時間去猶豫徘徊，因為在你猶豫徘徊時，別人已經跑到了你的前面。猶豫是生命中最大的惰性因素，在我們對成功與失敗難以把握時，它往往把失敗的可能都一股腦兒推到我們面前，從而把選擇的砝碼加重到失敗一方，而使我們與成功失之交臂。

安德魯說：「做事應考慮，但時機既至，即須動手，切莫猶豫。」

當斷不斷，反受其亂

第二次世界大戰期間，艾森豪指揮的英美聯軍正準備橫渡英吉利海峽，在法國諾曼地登陸，展開對德戰爭的另一個階段。當時，諾曼地登陸戰的所有準備工作都已就緒，這時候，英吉利海峽卻烏雲密布、巨浪滔天，數千艘船艦只好退回海灣，等待海上風平浪靜。

這麼一等，足足等了四天，天空像是被閃電劈開了一條條裂縫，傾盆大雨連綿不絕，數十萬名士兵被困在岸上，進退兩難，每日所消耗的經費、物資，實在不是小數。將士們心急如焚，而且時間拖得久了，德國人也會察覺，從而使盟軍數月的努力付諸東流。

六月四日晚上，氣象主任斯泰格上校報告說：「從六月五日夜間開始，天氣可能短暫變好，到六月六日夜間，很快又要變壞。是於六月六日行動，還是繼續延期？」艾森豪一時也難以決定。

參謀長史密斯認為：「這是一場賭博，但這可能是一場最好的賭博。」艾森豪也明白這是千載難逢的好機會，可以攻敵於不備，只是這當中也暗藏危機，萬一氣候不如預期這麼快好轉，很可能就會全軍覆沒。

最後，艾森豪下定決心：「我確信，是到了該下達命令的時候了。」艾森豪經過了慎重的考慮之後，做出了他一生中最重要的一個決定，「大君主」行動將按計畫在六月六日實施。

他在日誌中寫下：「我決定在此時此地發動進攻，是根據所得到最好的情報做出的決定……，如果事後有人譴責這次的行動或追究責任，那麼，一切責任應該由我一個人承擔。」

幸運的是，他最終贏得了這場賭博。事實證明艾森豪的決策是對的：僅在第一天，盟軍就有十五萬多人成功登上諾曼第；而十餘天後，英吉利海峽的天氣「是二十年來最壞的天氣」，暴風雨甚至毀掉了一座人工港灣。

人生的路上往往會面臨許多選擇。當面對形形色色的抉擇時應該如何取捨？面對抉擇，有些人往往會猶豫，猶豫，再猶豫，三思，三思，再三思。可是，時不待人，我們常常為痛失了機遇而扼腕嘆息。

當年項羽和劉邦爭奪天下，只因項羽太多情，太優柔寡斷，使本該屬於自己的天下成了別人的囊中之物，自己也落個夫人不保，拔劍自刎的下場，所以當斷不斷，反受其亂。

人生需要冒險精神

弗雷德里克．蘭布里奇說過：「如果一生只求平穩，從不放開自己去追逐更高的目標，從不展翅高飛，那麼人生便失去了意義。」正如有人所說：「人生最大的價值就在於冒險。」

在人生中，思前想後，猶豫不決固然可以免去一些做錯事的可能，但更大的可能是會失去更多成功的機遇。這種得不償失的結果對我們來說是更大的損失。要想有卓越的成功，就得敢於冒險。整個生命就是一場冒險，走得最遠的人常是願意去冒險的人。只有那些敢想敢做的人最終才能取得成功。

在世界保險業的鉅子克萊門提．史東的事業漸上軌道之時，經濟蕭條的寒流席捲了美國。許多中小企業都倒閉了。面對經濟危機，再也沒有人把錢投入到保險公司了。史東冷靜地面對現實，他認為：「如果你在困難的時期以決心和樂觀來應付，你總會有利益可得。」當時，他的行銷隊伍只剩下兩百人了，但是，他依然沒有放棄，他把自己樂觀的想法灌輸給部下，並帶領他們繼續奮鬥。

在這次經濟危機中，曾經十分興盛的賓夕凡尼亞傷亡保險公司受到了很大影響，經營不佳，其公司上層決定以一百六十萬元將公司出售。史東得到這一消息，決心乘此良機將該公司買下來。但是，他沒有這麼多錢，即使如此，他還是沒有猶豫地走進了巴的摩爾商業信用公司董事長的辦公室。

「我想買你們的保險公司。」

「很好，一百六十萬元。你有這麼多錢嗎？」

「沒有，不過，我可以借。」

「向誰借？」

「向你們借。」

這在別人看來是一樁很荒謬的買賣，但是，最後史東還是把這家公司買了下來。他經過苦心經營，終於將一家微不足道的保險公司，發展成為今日的美國混合保險公司，史東本人也因此躋身於美國富翁之列，其財產至少在五億美元以上。

冒險是表現在人身上的一種勇氣和魅力。經驗告訴我們：冒險與收穫常常是結伴而行的。哥倫布如不航海探險，能登上新大陸嗎？達爾文不親身探險，搜集資料，能完成巨著《進化論》嗎?是的，險中有夷，危中有利，要想有卓越成就，就應當敢冒險!

智慧品人生

機會來去匆匆，瞬間即逝，猶如劃過天際的流星，猶豫只會讓你與機會失之交臂。所以，面對機遇，要做出果斷的取捨。果斷是你人生中的一張關鍵牌，你是否具備果斷的素質，與在你的人生之路上是否可以減少坎坷、獲得成功密切相關。

在面臨相同的境界時，一個人要想成功，最忌諱的就是沒有決斷力。要知道，決斷力能控制行動，只要敢於決斷，我們便可以創造屬於自己的奇跡。當我們面臨選擇時，猶豫是勇氣的絆腳石，而沒有了勇氣，一切都將稍縱即逝。所以，有優柔寡斷毛病的人，需要常常提醒自己養成做事敏捷、決策果斷的習慣，這樣才可以補救猶豫不決的缺陷。

4．換個角度看得失

士師分鹿真是夢，塞翁失馬尤為福。——陸游

在古希臘有個人問著名的哲人蘇格拉底：「請你告訴我，為什麼我從來沒有見過你蹙額愁眉，你的心情總是那麼好嗎？」蘇格拉底回答說：「因為在生活中，沒有哪種事物的失去能讓我感到遺憾的。」的確，蘇格拉底的好心情與他的得失觀是密切相連的。

豁達看得失

得是你付出後的驚喜，但你必須要用心去珍惜；失是你疏忽後的驚訝，但你還必須用情去珍視。得了，請你不要招搖過市、沾沾自喜地飄然起來；失了，也請你不要灰心喪氣、放任自己默默地消沉下去。對待得與失，你要有一種寵辱不驚、從容不迫的態度。

有這樣一則耐人尋味的故事：

有個人向三位修行人請教如何才能得道。第一位修行人說：「在葡萄園裡，我看到枝葉茂盛的葡萄藤上掛著晶瑩剔透的葡萄是那麼的美麗，到了中午人們摘取後，留下的卻是一片破敗狼藉的景象，我因此而得道。」

第二位修行人說：「我坐在池塘邊，看到聖潔的蓮花在清晨時分開得非常美麗，到了中午有一群人跳進蓮池洗澡，一會兒工夫就把蓮花蹂躪殆盡，我因此而得道。」

第三位修行人說：「夏季的清晨，我在水邊靜坐，看到小溪裡的魚兒自由自在地游來游去，然而，到了中午，漁民們拿了網子，用誘餌把這些可愛的魚兒全捕到了網中，我因此而得道。」

這個人在回家的途中仔細品味著這三位修行人的話，當他路過海邊時，發現沙灘上堆了許多沙堡。沒多久，一浪又一浪的潮水湧上岸來，當潮水退走時，先前的那些沙堡，已經消失得無影無蹤。

這時他恍然大悟：「原來世上的許多事物，不論費盡多大的心機，花了多大的力氣，即使能夠擁有，也都是暫時的。」所以，在生活中，得失都是過眼雲煙，根本就不重要。讓我們把握今天，不乞求也不放棄，做任何事情都隨遇而安。

塞翁失馬，焉知非福

人生會在一種得失的選擇和重複中延伸。在我們面前，無時無刻不存在得失權衡，然而，有時得失的轉換可能就在一線之間。厄運之後方可見幸運。《淮南子》中就有這樣一段記載：

從前，有位老漢住在與胡人相鄰的邊塞地區，來來往往的過客都尊稱他為「塞翁」。老翁精通術數，善於給人卜算過去和未來。他生性達觀，為人處世的方法也與眾不同。

有一次，老翁家的一匹馬，無緣無故掙脫繩子，跑入胡人居住的地方去了。鄰居們得知這一消息以後，紛紛表示惋惜。可是塞翁卻不以為然，他反而釋懷地勸慰大夥兒：「丟了馬，當然是件壞事，但誰知道牠會不會帶來好的結果呢？」

幾個月後，那匹丟失的馬突然又跑回家來了，還領著一匹胡人的駿馬一起回來。鄰居們得知，都前來向他表示祝賀，並誇他在丟馬時有遠見。然而，這時的塞翁卻憂心忡忡地說：「唉，誰知道這件事會不會給我帶來災禍呢？」

老翁家畜養了許多良馬，他的兒子生性好武，喜歡騎術。塞翁家平添了一匹胡人騎的駿馬，使他的兒子喜不自禁，於是天天騎馬兜風。有一天，他兒子騎著駿馬到野外練習騎射，駿馬脫韁，把他兒子重重地甩了個仰面朝天，摔斷了大腿，成了終身殘疾。善良的鄰居們聞訊後，趕緊前來慰問，而塞翁卻還是那句老話：「誰知道它會不會帶來好的結果呢？」

又過了一年，胡人侵犯邊境，大舉入塞。四鄉八鄰的精壯男子都被徵召入伍，拿起武器去參戰，結果十有八九都在戰場上送了命。靠近邊塞的城鎮，十室九空。而塞翁的兒子因為行動不便，免服兵役，所以，他們父子才得以避免了這場生離死別的災難。

這也說明，福可以轉化為禍，禍也可變化成福。這種變化深不可測，誰也難以預料。後世有許多人對這個故事進行了評價和引用。宋魏泰《東軒筆錄．失馬斷蛇》載：「曾布為三司使，論市易被黜，魯公有柬別之，曰：『塞翁失馬，今未足悲，楚相斷蛇，後必有福。』」陸游《長安道》詩曰：「士師分鹿真是夢，塞翁失馬尤為福。」後來又發展為「塞翁失馬，焉知非福」。這則哲理被世人頻頻應用，用來說明世事無常，或因禍得福。

這也印證了得失轉換的關係，有時覺得就要得到的時候，可能更大的失去正在發生；但在就要失去的時候，可能正在換取更大的獲得，而其轉化就可能在你抉擇的瞬間發生。有時候，得到是福，失去也不一定是禍。所以，換個角度看得失，你就會有意想不到的收穫。

智慧品人生

現實中，大多數人都受制於各種欲望，多數人還是處於患得患失中，既怕得不到或得不夠，又怕得而復失。因此，想不通，放不開，爭不完。此時，如果你換個角度看待得失，倒不失為一種較好的態度，既希望得，又不計較失，積極而不極端，努力而不角力。

5．因小失大，得不償失

千丈之堤，以螻蟻之穴潰；百尺之室，以突隙之煙焚。——韓非子

在我們所熟知的哲理寓言故事中，「螳螂捕蟬」的典故和「背鹽的驢子」的故事，常為大家所津津樂道。但是，在說完一笑之後，體味出來的哲理是什麼，又有多少人遵循了其中的規律呢？這些深層次的問題卻是鮮為人思考的。

暫不將這其中的哲理道明，讓我們先看看世人的做法：有的人為了工作而整日忙碌，顧不得家庭，從而失去了家庭之樂；有的人因為忙於賺錢，鬧得夫妻不能常相聚，從而失去了愛情；更有甚者，為了賺錢、再賺錢，顧不得兒女的教育，不但失去天倫之樂，也有愧於為人父母的教養職責……。

耶穌說：「人縱然賺得了全世界，如果賠上了自己的靈魂，又有什麼益處？」是的，人生的際遇有輕有重，人們若拿捏不當，就容易因小失大、顧此失彼。

貪小便宜易吃大虧

春秋時期，晉國南面有兩個姬姓小國，一個叫虢，一個叫虞。這兩個小國關係很好，在

政治上也是互相支持。但虢國國君常派兵在晉國邊界鬧事，晉獻公一直想討伐虢國，由於虢國國君很警惕，在兩國邊境陳設重兵，晉獻公一時沒有辦法。

一天，晉獻公與大臣談論此事。眾人都說：「虢國軍隊正面難以攻擊，只有從背後偷襲才能奏效。」但是如此非要經過虞國，而虞國與虢國同姓相親，關係很好，如何肯放晉國兵馬過境？

這時一個大臣獻策說：「臣聽說虞國國君貪寶，請大王將國寶、千里馬和玉璧交給臣下，臣下出使虞國，一定能向虞國借道。」晉獻公一聽就急了：「祖宗傳下的國寶，如何能輕易送給他人。」這位大臣就告訴晉獻公：「國寶不過是暫時存放在虞國，滅掉了虢國，虞國還能獨存嗎？到時候，國寶還不是照樣回歸晉國國庫嗎！」

晉獻公聽了大喜過望，立即派遣他出訪虞國。晉獻公贈給虞國國王很多寶物與駿馬，要求虞王讓晉國軍隊通過虞國，順利攻打虢國。虞國有一位大臣極力反對借路給晉國。他說：「我國與虢國關係十分密切，如果借路給晉國，那麼虢國滅亡的同時也將是我國滅亡之日。請陛下絕對不要接受晉國的禮物。」

但是受到耀眼的寶石和美麗的駿馬所蒙蔽的國王卻不聽大臣的忠告，借道給了晉國。結果正如同大臣所猜測的，晉軍在滅了虢之後，回程便攻破虞國，寶物和駿馬當然又物歸原主了。

虞國國王受到眼前利益的誘惑而不顧無窮的後患，終致亡國。這種「短視近利」的舉動，在我們的生活中也是常見的。人是利益動物，在本質上都會趨利避害，這個無可厚非。然而，人如果有時候不顧整體全局利益，目光短淺、自以為聰明，往往會因小失大，得不償失。

有許多人都會因為貪圖近利而得不償失；有的人則是因只顧眼前，思慮不到未來，也會因小失大，得不償失。腐敗分子走上違法犯罪道路，大都是從一開始的吃一點、喝一點、拿一點，到最後腐化墮落、走上嚴重的違紀違法之路。

在生活中，我們常常會發現一些人因貪小便宜，中了壞人設下的「拋磚引玉」等圈套，不僅沒有得到任何便宜，反而損失了自己的錢財。正所謂「螳螂捕蟬，黃雀在後」，貪小便宜往往會吃大虧。因一時的小利而斷取捨，必將造成無可挽回的局面。

莫被蠅頭小利誘惑，從大處著眼

有一位記者採訪一位年輕的鋼琴家，問他如此年輕就獲得這麼大的成就，是不是有什麼成功的祕訣。他回答說：「有意地疏忽。」他的解釋是：「最初，我要浪費很多時間做很多的事，早餐後，回到房間，整理床鋪、打掃房間並做完其他各種事情，然後才去練琴。我發現進步得要比我想像中的慢，於是我決定，在練好琴以前，故意忽略任何其他事情，果然進步的速度得到了提高。」也許很多人看到這裡，還不明白是什麼意思。其實，道理很簡單，當人們被許多小事困擾的時候，必將會使其遠大的抱負繫上沉重的包袱。

在動物界，我們可以看到這樣一個現象，居於食物鏈頂端的獅子、獵豹等，在捕獵的時候，選中一個目標便會鍥而不捨地一直追下去，在追捕的途中，即使有其他更近的獵物，牠們仍視而不見、心無旁騖，這是牠們捕獵成功率很高的一個重要原因。

我們不難發現，成功者大多都有優良的品行，其中最顯著的，便是他們任何時候都堅持守信、遵約的美德，堅持寬以待人、與人為善、嚴於律己的操守。之所以如此，是因為他們注重的不是眼前的利益，而是遠大的理想和抱負。他們不會被一些蠅頭小利所誘惑，只是不斷以其熱情激發周圍的人，並朝著已經鎖定的目標去努力。

人生即是如此：不捨去舊的，就難以獲得新的；不捨去固有的，就難以獲得未有的；不捨小就難以得大；不捨去已然知曉的，就難以獲知未知的。

關鍵就在於：於大處著眼，懂得放棄與妥協，抓住大事不放，不為小事困擾，敢於為大目標捨棄和犧牲小目標，不過於在意「蠅頭小利」。不要因小失大，得不償失！

6．有所為有所不為

人有不為也，而後可以有為。——孟子

「只要有恆心，鐵杵磨成針」、「天下無難事，只怕有心人」這是為世人推崇的成才之道。其實，苦學並不是成長的必然條件，持之以恆只是促使成長的因素之一。至於其他條件，譬如機遇、天賦、愛好、悟性、體質諸項也是缺一不可的。

如果你研究某一學問、學習某一技術或從事某一事業確實條件太差，即使經過相當的努力仍不見效，那就不妨學會「放棄」，另闢蹊徑，畢竟人的精力是有限的。這時候的放棄既是一種理性的表現，也不失為一種豁達之舉。有所為就必有所不為，而人與人之間的區別，就在於所為所不為的不同取向。

為與不為，為人處世的準則

古語云：「治國之道，有所為，有所不為。」其實，「有所為，有所不為」何止是治國之道，它也是指導做人和做事的一條重要原則。做到了這一點，你將終身受益無窮。

有一位登山運動員去挑戰珠穆朗瑪峰，但當他登到六千四百公尺這個高度時，開始感到體力不支，於是就停了下來，毅然下山了。

事後很多人都為他感到可惜：「你為什麼不再堅持一下呢，只要再堅持一百公尺，你就可以跨過六千五百公尺的登山死亡線啦。」

他回答得很乾脆：「不，我最清楚，六千四百公尺的海拔，是我登山生涯的最高點，我一點都不感到遺憾。」

能夠正確地分析自己，做出「為與不為」的選擇，是每個成功者必備的素質。「有所為」是主動選擇，「有所不為」是敢於放棄，一個人的生存能力再強，精力再多，也不可能無所不為，什麼都想做只能是什麼也做不好，選擇好自己應該做的才是最關鍵的。

什麼都想得到，只會成為生活中的跛腳矮人。要想獲得某種超常的發揮，就必須揚棄許多東西。瞎子的耳朵最靈，因為眼睛看不見，他必須依靠耳朵聽，久而久之，耳朵功能達到了超常的地步。會計的心算能力最差，二加三也要用算盤打一遍，而擺地攤的人則是速算專家。

生活中也一樣，當你的某種功能充分發揮時，其他功能就可能退化。有哲人忠告：人一生只能做好一件事。我們只有一雙手，每隻手只有五個手指頭，一隻手的五個手指頭不能什麼都抓住，所以我們應該去抓該抓的、值得抓的東西。

當然，有所為有所不為並不是要人們簡單地放棄，而是需要智慧的輔助，需要胸有全局，高瞻遠矚。胸有全局就能分清輕重緩急，做出正確取捨。高瞻遠矚是考慮得長遠，並能以高度的責任感和使命感對待自己的選擇。心中無數、虛浮懶散的人是做不好「有所為有所不為」的。

有所不為，才能有所作為

一九五七年，松下毅然放棄研究了長達五年的大型電腦專案。這個消息的傳出令所有人都十分震驚，因為當時松下已經對此投資了約十五億日元，而且他們的兩台樣機也十分先進，很快就能大規模投入生產，推向市場了。那麼，松下為何放棄這樣一個已經接近成功的專案呢？

在松下放棄這項研究前，美國大通銀行的副總裁曾到松下訪問，談話中不覺就把話題轉到電腦上。當副總裁聽到日本目前包括松下在內，共有七家公司生產電腦時，嚇了一跳。他說：「在我們銀行貸款的客戶當中，大部分電腦部門的經營似乎都不順利，而他們之所以能夠生存下去，完全是依靠其他部門的財力支援，幾乎所有的電腦部門都有赤字。就拿美國的現狀來說，除了ＩＢＭ公司以外，其他的公司都在慢慢緊縮對電腦的投入。而日本竟然有七家這樣的公司，未免太多了一點。」

副總裁走後，松下對副總裁給的消息仔細地考慮，最後得到的結論是：決心從大型電腦研究上撤出。因為松下的大型電腦專案在接下來的科研、生產以及市場推廣方面，還需要投入近三百億日元，如果現在放棄雖然損失十五億，但是這個決定避免了三百億的損失。這個決定使松下更加專注於對電器和通訊事業的發展，使松下慢慢成為了電器王國的領頭羊。

人生苦短，世事茫茫。能成大事者，貴在目標與行為的選擇。如果事無巨細，事必躬親，必然陷入忙忙碌碌之中，成為碌碌無為的人。

在一定意義上來說，有所不為才能有所為。班超投筆從戎，魯迅棄醫學文，這些人都是「改換門庭」後大放異彩的楷模。子夏說：「雖小道，必有可觀者焉；致遠恐泥，是以君子不為也。」可見，如果能審時度勢、揚長避短、把握時機，放棄，既是一種理性的表現，也不失為一種豁達之舉。

松下就是「有所為有所不為」的典範。「有所不為」可以讓企業輕裝上陣，更加理性地進行營利模式的選擇、專案選擇以及制度選擇，是企業戰略的重要工具。只有「有所不為」，才能更加專注於「可為」之事，才能在無形中達到「有所不為才能有所為」的境界。

無論做什麼事，都不可缺乏在專業上的一技之長，樣樣精通，樣樣稀鬆，反而使自己無所成就。因為這樣的人忘記了「不怕千招會，就怕一招絕」的祕笈。人的精力畢竟有限，往往窮盡全力也難以掘得真金。世界上最大的浪費，就是把寶貴的精力無謂地分散在許多事情上。而「有所不為」就是為了更加專注。

在一個人有限的生命中，能夠專注於一個專業，朝著一個目標做精、做深是最好的選擇。專注者尤其要保持一顆超然之心。既已選擇了專注，就要淡然對待名利，在知道自己擅長什麼、能做什麼、做什麼最好的前提下，一如既往地專注下去。

智慧品人生

「有所為，有所不為」不僅是一種觀點，更是一種能力，一種境界，一種智慧和方略。「有所為，有所不為」與「捨得」有異曲同工之妙。人之一生，需要我們放棄的東西很多。幾十年的人生旅途，會有山山水水，風風雨雨，有所得也必然有所失，只有學會了放棄，我們才能擁有一份安然祥和的心態，才會活得更加充實、坦然和輕鬆。

只有適當地放棄，才更有利於集中力量，把寶貴的有限資源用在最需要的地方，爭取最佳的效益。這也是「有所為，有所不為」的本質和追求。

捨得，捨得，捨就是得，小捨有小得，大捨則大得，不捨則不得。捨與得，為人處世的大道理。「捨得之道」是佛教文化與中國傳統哲學一致推舉的為人處世之道。它的智慧就在於辦事知難易，當退則退，不計較得失，在一顆寬厚之心裡夾雜隨機應變的智慧與謀略。在為人處世中要做到捨得並不難，關鍵是如何做到「該捨時捨，不該捨時不捨」，把握好了處世的準則，你也就學會了為人處世的學問。

第四章

捨得之道，為人處世的聖經

1．好東西要捨得與別人分享

談一個人的價值，應該看他貢獻了什麼，而不應當看他取得了什麼。——愛因斯坦

人生活在這個世界上，無時無刻不在與他人共同分享著。分享太陽溫暖的光芒，分享星星閃爍的光輝，分享鮮花芬芳的味道，分享四季的變化和秋天的果實，分享音樂的悠揚和山河的壯美，分享理想的浪漫和現實的豐富……要分享及能分享的實在是太多太多了。

與人分享，不僅能豐富你的人生，還會讓你向世界打開一道道門、一扇扇窗。當你主動把自己的東西與人分享時，就會讓陽光灑滿每個人的心靈。

獨樂不如眾樂

在一個村莊裡，一個果農經過長時間地研究，培植了一種皮薄、肉厚、汁甜而少蟲害的新果子，為此吸引了不少果販前來購買，這為他增加了不少收入。村裡的人們看到他的新品種賣得很好，就想借他的種子也來種，但被果農拒絕了。

果農想：所謂物以稀為貴，如果大家都種這種果子，會影響到自己的生意，那肯定不合算。到了第二年，果農發現自己果子的品質大不如往年，很多人都不再買他的果子，果農查

找了所有的種植環節，但都找不到原因，只好去諮詢專家。

專家到他的果園調查後對果農說：「你種植的環節都沒有問題，但如果你想讓果子達到原來的品質，就必須在附近地區都種這種產品。」

果農迷惑地看著專家，專家又說：「由於附近種的是果子的舊品種，只有你的是改良品種，在開花授粉時，新品種和舊品種一雜交，你的果子自然就變質了。」

果農聽了恍然大悟，於是把自己的新品種分發給鄉鄰，大家都有了好收成，不僅自己獲得了財富，也幫助別人獲得了財富，個個都喜笑顏開。

人們常說：「予人玫瑰，手留餘香。」早在幾千年前，孟子問梁惠王：「獨樂樂，與人樂樂，孰樂？」梁惠王答：「不若與人。」孟子又問：「與少樂樂，與眾樂樂，孰樂？」梁惠王答：「不若與眾。」

很多人在小時候，如果有好玩的玩具或是有一本好看的漫畫書，都會迫不及待地拿出來，與周圍的小朋友們共同分享，但長大後大家卻忘了「獨樂不如眾樂」的道理。

與人分享快樂，會讓更多的人快樂，你的快樂會加倍；與人分享自己的成功經驗，會讓更多的人成功，你的成功會加倍；分享一項科學發明，會蓬勃一個行業；分享一種新銳的思想，會增加一代人的智慧；分享如同三月的陽光，冬月的炭火，能溫暖人的心房，拉近人與人之間的距離，何樂而不為呢？

懂得與人分享，才懂得人生真諦

當你擁有六顆蘋果的時候，你會獨自把它們吃掉，還是願意把其中的五顆與他人分享呢？如果你獨自享用，你也就只能吃這六顆蘋果而已，如果你與他人分享，看似你現在吃虧，實際上你卻能得到他人的友情，當他們有東西時，也自會與你分享，你就可能得到另外五種不同的水果，嚐到五種不同的味道，這樣還吃虧嗎？

懂得與人分享是一種大智慧。古人早已懂得財聚人散、財散人聚的道理，學會分享並不意味著自己失去什麼，相反會收穫友情、知識，也收穫了快樂。正如培根說的：「一份憂愁與人分享之後，你將得到二分之一憂愁，一份快樂與人分享，你將得到雙倍的快樂。」與人分享的過程，其實就是一個放大自己快樂的過程。

一位有才華的年輕編輯，他寫的文章很受讀者的喜歡，與同事間的關係也很融洽，剛進雜誌社的第一年他就得了大獎。但他慢慢地發現，社裡的同事，不管是上司還是前輩，總會有意無意地針對他，他為此非常苦惱。

他找到一位前輩，想從他那裡得到答案。原來，這位年輕人的作品之所以能獲獎，雖然他的貢獻最大，但也有很多同事的參與和幫助，在他獲獎後，除了上級機關頒發的獎金之外，上司也給了他一個紅包，還在公司裡當眾表揚了他。但他卻沒有感謝上司和同事的幫助，而是將所有的功勞歸於自己，獨享榮譽。人們可能不會在乎分你多少獎金，他們在乎的是你不該貪天下之功為己有，不懂得與人分享。

人們常說：「把一個人的幸福給多人分享，就變成了多個幸福。」著名科學家諾貝爾在讀小學的時候，成績總是班上的第二名，而第一名總是被一個叫柏濟的同學占著。

一次，柏濟由於生了一場大病無法上學而請了長假。諾貝爾的朋友高興地對他說：「柏濟生病了，以後的第一名就非你莫屬了！」但諾貝爾並沒有因此沾沾自喜，他將自己做的筆記寄給因病沒來上學的柏濟。到了期末考試，柏濟的成績還是第一名，諾貝爾則依舊名列第二。

諾貝爾長大之後，成為了一位卓越的化學家，因發明火藥成為巨富。他死後把所有的財產全部捐出，並設立了著名的「諾貝爾獎」。也正是由於他懂得把自己的成功與世人分享，不僅使他創造了偉大的事業，也使後人對他永遠懷念與追思。

懂得分享的人必有豁達的心胸、坦誠的態度和高深的智慧和策略，只有那些虛偽奸詐的人才不會分享，因為對利益的索取使他鼠目寸光；謹小慎微的人不懂得分享，對世界的疑慮和恐懼淹沒了他的好奇；狂妄自負的人不屑於分享，愚蠢的優越感蒙蔽了他的雙眼……當我們樂意和他人分享我們所擁有的知識和快樂時，不但不會有損失，反而會收穫更大的喜悅和滿足。只有真正懂得與人分享的人，才懂得人生的真諦。

智慧品人生

人生可說是千姿百態、五彩繽紛。每個人都走著不同的人生路，有的曲曲折折，充滿是是非非，也有的一路暢通無阻，充滿鮮花掌聲。但無論是怎樣的人生，生活在這個世上，沒有人能不去分享，分享自己的，分享他人的。

也正是有了分享，後人才能繞過路上的坑坑窪窪，跳過路上的各種陷阱，並踩在先驅者的肩膀上，更快地登上成功的巔峰。一個蘋果與一個梨的交換還是一個水果，但你可能會獲得一份友誼；一種思想與一種思想的交換就是兩種思想，這為你的成功加重了砝碼。

2．吃虧也是一門學問

吃虧是福。——鄭板橋

被世人譽為「揚州八怪」之一的鄭板橋曾說：「吃虧是福。」可現在有多少人真的能明白其中的道理和學問？

在人的意識裡，都是不願意自己吃虧的，所以才會有那些為了一點雞毛蒜皮的事爭來搶去的人、有那些為了私利出賣朋友的人、有那些鼠肚雞腸、算計來算計去的人。而這樣的人無非都是鼠目寸光的人，他們心胸狹窄，容不得一丁點的損失，只考慮眼前利益，從來不考慮以後。真正的智者，看的是長遠的利益，而不是執著於眼前的禍福吉凶。

敢於吃眼前虧

人這一生，誰也不能保證自己會一帆風順，每時每刻都會遇到不如意的事情，正所謂：「三十年河東，三十年河西。」自古以來，就有著不少吃眼前虧成就大事業的人。

古往今來的許多事例都說明，不懂得吃眼前虧的人，不能完美地領悟人生；不懂得吃眼前虧的人，不會有事業的壯麗輝煌。

人們常說：「小不忍則亂大謀。」如果你遇到幾個亡命之徒或地痞流氓，你會為了不吃眼前虧與他們拼搏一下，還是會破財消災、吃點小虧？

現實生活中又有多少人為了所謂的面子和尊嚴，甚至為了所謂的正義和公理，莽莽撞撞，嚥不下一時之氣，結果因為一件芝麻綠豆大的小事，吃了意想不到的大虧。

如果因為不吃眼前虧，連生命都不能保全，又有什麼資格去談以後的事業和人生理想呢？真正的大丈夫，能夠用「眼前虧」來換取「日後益」，懂得根據環境揚長避短，知道有所為有所不為，能吃虧，懂得吃虧，能從「虧」中看到自己的弱點和別人的長處。

一個人，每占一分小便宜，就會丟掉一分人格，一分尊嚴。而一個懂得吃虧、敢於吃虧的人，不僅不會因吃眼前虧而喪失自己的人格，反而更顯示出深層次的魅力，更能為自己贏得更多人的尊重和敬仰。

樂於吃虧是一種境界，是一種自律和大度，是一種人格上的昇華。任何一個有作為的人，都是在不斷吃虧中成熟和成長起來的，並從而變得更加聰慧和睿智。

智慧品人生

有的人在吃虧後，始終念念不忘過去的得與失，賺與賠，進與退，多與少，榮與辱等問題，或是後悔自己當初看錯人辦錯事，終日鬱鬱寡歡，甚至捶胸頓足、一蹶不振，給自己的生活平添了許多煩惱。有一首流傳已久的不氣歌，在感覺自己吃虧時，不妨唸唸：「他人氣我我不氣，我本無氣他來氣。倘若生氣中他計，氣下病來無人替。氣之為病態可懼，誠恐因氣把命去。我今嘗過氣中味，不氣，不氣，不氣，真不氣。」

3．面對誘惑，要學會拒絕

一念之欲不能制，而禍流於滔天。——程頤

荀子說：「人生而有欲。」人有七情六欲，有環境、性格、家人、社會等因素造成的不同的個人欲望，也正是因為有欲望，才會為之奮鬥，才會進步，但這不等於欲望可以無度。對人來說，誘惑就如一罈滋味甘醇的美酒，嘗一口，美味無比，再嘗一口，還是清涼爽口，再喝一口，就會為之神魂顛倒，在自己喝得酩酊大醉、迷迷糊糊時，就會陷入美麗而又深不可測的泥潭中，不能自拔。縱觀古今，因不能節制欲望而身敗名裂，甚至招致殺身之禍的人不勝枚舉。

誘惑如慢性毒藥，害人又害己

人生在世，處處隱藏著誘惑，誘惑是某種事物、某種場景、某種意識形態觸動了自己那根敏感的神經後，讓自己的身心得到短暫的快感的毒藥。誘惑不過是你眼前的海市蜃樓，當你沉浸於得到小利而沾沾自喜的境界時，禍患也就乘虛而入，侵入你的五臟六腑，你將會為這曇花一現的擁有付出沉重的代價。

有兩個乞丐是非常要好的朋友，在行乞的生活中相互幫助，一同挨過了一個又一個苦難的日子。有一年冬天，天氣寒冷。一天，兩個又冷又餓的人準備在一座破廟中過夜，突然乞丐甲在佛像的供桌上，發現了一個已發霉變味的硬邦邦的饅頭，雖然兩個人都飢腸轆轆，但乞丐甲還是把饅頭掰成兩半，兩個人分著吃。

吃過後，乞丐乙建議再找找，說不定還能找到什麼有用的東西。兩個人就開始在小廟裡四處搜尋，皇天不負有心人，兩人竟然在角落的草堆裡找到一個袋子，裡面全是錢！面對如此巨大的一筆橫財，兩人欣喜若狂。

乞丐乙說：「老天爺對我們真是太好了，這麼多錢，我們兩人一人一半，以後就有好日子過了。」

乞丐甲也激動地說：「是呀，是呀，這麼多錢，以後再也不用受苦了，剛才半個饅頭也沒吃飽，你看著錢，我去買點吃的。」

乞丐乙附和說：「多買點好吃的，我們現在有錢了！」

乞丐甲出去了一會兒就回來了，人還沒到廟門就喊：「我買東西回來了，看買了什麼，燒雞，還有酒！」乞丐甲剛進門，後腦就被什麼東西打一下，暈死過去了，躲在門後的乞丐乙走出來，將他翻過身來說：「兄弟，對不起了，我會好好安葬你的。」說罷，拿起乞丐甲買來的酒和肉大口吃起來，半個時辰不到，就覺得腹中劇痛難忍，原來酒中有毒藥，一會兒就一命嗚呼了。

誘惑的力量是巨大的，它可以讓人喪心病狂，為了自己的利益去害他人性命。面對一個饅頭，兩個人可以分而食之，面對金錢的誘惑，卻鉤心鬥角，爭個你死我活，斷送自己的性命。

在這個物欲橫流的世界上，每個人都會面對很多誘惑：炎炎夏日，便利商店裡琳琅滿目的冰淇淋是一種誘惑；商場中，各式各樣的服裝是一種誘惑；官場上，炙手可熱的權力是一種誘惑；而對他人擁有的車、房、錢，更是一種誘惑……。

但金錢產生的誘惑，使多少達官貴人鋃鐺入獄，多少人丟了性命？美色的誘惑，使多少人不顧廉恥，不顧人倫，甚至鋌而走險，走上犯罪的道路？權利的誘惑，使多少人挖空心思布設陷阱，用不正當的手段牟取私利？

誘惑會使人失去自我，一不小心就掉入生活的深淵中。誘惑如惡魔，撕扯著人原本純真的心靈；誘惑又如毒藥，湮滅著人的靈魂；誘惑更如巨獅，吞噬掉人的生命。

誘惑，來源於我們的內心，來源於我們對現實的不滿，以及對物欲的追求和貪婪。但這樣的追逐何時是個頭，不如滿足於自己所得，珍惜擁有，不去羡慕別人的生活，不因受他人的誘惑而痛苦，不被外界的誘惑左右自己的思想，固守做人的原則，守住心靈的防線，這樣的人生才會精彩，才有意義。

拒絕誘惑，遠離危險，造就成功

英國的莫爾說過：「人這一生最艱難的就是選擇。」對一件東西的肯定，就是對另一件東西的否定，選擇就表明你必須放棄一樣。在一粒芝麻與一個西瓜之間，你一定明白什麼是明智的選擇，面對人生中大大小小的誘惑，我們也只能做兩件事，一是接受，一是拒絕。接受了是一個結果，拒絕了就是另外一種與之相反的結果。

在懸崖旁邊有一堆黃金，很危險，想要得到黃金，隨時都有掉下去的可能，但如果能拿到黃金，就衣食無憂。第一種人是面對誘惑，鋌而走險，以僥倖的心理去取黃金；第二種人會想到危險，但還是有想去試試的心理；第三種人會遠離懸崖，而且是越遠越好，不去想那天上掉餡餅的好處。但古往今來，誘惑「引無數英雄競折腰」，克制欲望、抵抗誘惑真是件不容易的事。

夏娃因擋不住蘋果的誘惑，被逐出了伊甸園；和珅因擋不住金錢的誘惑，成了人人唾罵的大貪官；商紂王因擋不住酒池肉林的誘惑，丟失了大好江山；呂布抵擋不住美女的誘惑，最終落了個英年早逝的下場。

誘惑是心靈深處最黑暗的魔鬼，一旦被觸及，如控制不好，就無法擺脫，無法壓抑，更無法抗拒，只得變成它的奴隸。但反過來想，其實誘惑的惡果是自己給自己的，面對金錢，有視財如命，永不滿足的，也有視其如糞土，懂得去布施的，這只能說明一個人的心態決定其對誘惑的選擇。

現實中確有不少人為了國家、社會的利益，拒絕誘惑，贏得了人民的讚譽，實現了自己人生的價值。是誘惑不夠大嗎？不是，他們在誘惑、動搖中冷靜，在堅定、平衡中成長，他們能擺正自己的心態，正確處理誘惑與欲望，朝著人生的偉大目標走那條屬於自己的路，讓自己平穩而幸福地走向成功的路。

在布滿了誘惑的人生路上，我們要學會拒絕，遠離誘惑。輕輕吹一口氣，讓誘惑離你而去，你才會快樂，才會輕鬆，才能平安。

智慧品人生

人生，面對同樣的誘惑，每個人的人生卻是不一樣的。人生的成敗，無非就是看你對誘惑有沒有足夠的定力和灑脫。當你誘而不惑時，那是催人向上的誘惑，當你誘而被惑時，就會一失足成千古恨，毀了自己。

古人云：「知足常樂，人到無求品自高。」把握自己的欲望，給自己一份安寧，我們的生活就會更完美，就能在各種各樣、形形色色的誘惑的面前保住心靈的淨土！

4・不要揹著別人的眼光上陣

走自己的路，讓別人去說吧！——但丁

世界上的萬物，都有著自己與眾不同的生活方式和各自的命運，就如花兒為了綻開笑臉，不得不迎接風雪的挑戰，就如飛蛾為了尋找溫暖，才有撲火自焚的壯舉……，或許有很多行為在他人眼裡是不可理喻的，但那又怎樣呢？

每個生物都是一個獨立的個體，有著自己獨特的個性和生活。人類也是這樣，如果一個人總是被他人的評價所左右，把精力全部消耗在應付環境及他人的評論之中，以至於沒有餘力去追求自己的人生理想，那該是多麼可悲呀！

人生在世，都是為了自己心中的理想而活，但在實現理想的過程中，總是直線不多，曲線不少，每一步都是那麼的曲曲折折、彎彎轉轉。所以，一定要認準自己心中的理想，堅定自己所選擇的路。不管是多麼坎坷泥濘，不管他人怎麼看待，只要沿著自己認為正確的方向走，終將會實現理想，成為與眾不同的人。

別人的評價，自己的路

所有的人都知道，正因為世界上沒有兩片完全相同的樹葉，生活才會五彩繽紛。生活中也沒有完全的對與錯。但在我們身邊，很多人不是為了自己而活，他們總是在別人的指指點點下小心翼翼地生活，做一件事總是要在意他人的看法與評價。

他們總是想：「我這樣做，外人會怎麼評價我呢？」、「別人對我會是什麼看法呢？」、「他們該不會嘲笑我吧」……，他們讓別人的口水淹沒了自己的個性，每走一步都要左顧右盼，直到肯定沒有任何的異議才敢放心地邁出一步。

生活在社會的圈子中，難免不對他人進行評價，別人也難免不對自己進行評價。不錯，評價對於人們來說是很重要的，當自己的做法受到他人的贊同時，就會充滿動力，但也不能被他人不認同的看法左右，以致改變自己的路線，放棄自己的目標。

畢竟每個人都有不同的生活環境和思想，有自己做人的標準，他人的評論只不過是他站在自己的角度看問題，是他自己的看法罷了。你認為有道理就聽，認為不正確就可以不理會，主動權應掌握在你的手裡。如果對於他人的評價都一股腦兒接受，靠別人的評價才能找到自己的存在，把他人的評價看得太重，就必定會失去自我。

中國歷史上唯一的女皇帝武則天，在當時的那種社會環境下，打破男尊女卑的觀念，打碎封建思想的桎梏，一躍登上皇帝寶座，統治長達半個世紀，形成強有力的中央集權，社會安定，經濟發展，上承「貞觀之治」，下啟「開元盛世」，不拘一格任用賢才，順應歷史潮流進行改革。但她又殺死自己的親生兒女，廢除太子，為了達到目的而環環相扣地設計，陰狠毒辣的手段讓人不寒而慄。她死後為後人留下一個無字碑，聽盡眾人好與壞的評價，這又是怎樣的一種大度。

有智慧的人，能擺正心態傾聽他人不同的評價，正確看待自身與他人的差異，不會因他人的大加讚賞，就驕傲自滿，也不會因他人的不同意見，而認為是不公的評價，總想為自己辯解。他既不會自輕自賤，也不會盲目自信，更不會把自己寶貴的時間浪費在無謂的辯解和憤憤不平上。

我們一生不一定都會做大事成大業，但一定要知道自己活著的意義，追求自己的事業。理想的路是自己走出來的，別人的評價不會為你開拓腳下的路，自己的未來完全取決於自己的決定，而不是他人的看法。

或許這一路上，充滿了種種壓力，有親朋好友的不理解，有他人異樣的眼光和嘲諷，但為了自己最初的夢想，這又算得了什麼呢?不在乎外界的評價，排除前進道路中的一切阻撓，有迎難而上的勇氣，堅持自己所選擇的道路和方向，最終會有結果的。

堅定自己選擇的路，終會成功

「堅持自己的選擇，走自己的路。」多麼平淡的一句話，可在眾多異樣的眼光和嘲諷下，又有幾個人能做到呢？

有個女孩，在她三歲的某一天，和母親從外面回家，她堅持要走自己選擇的一條小路，可是母親認為這根本不可能，因為她們從來沒有從這裡走過。但倔強的她非要走，即使母親非常生氣，嚇她說前面很危險。最後母親拗不過她，只得陪她同行，沒想到她們真的回到了家。

在她上學後，她依然這樣。課堂上，她對一些習題的獨特解法常常令老師目瞪口呆，還經常和老師較勁。十七歲的時候，她在讀了一本有關居里夫人的書後，立下志願自己也要當科學家，做「居里夫人第二」。

大學畢業後，父母想讓她去當一名中學老師，但她已有自己明確的目標，堅決不答應。不過在當時，反猶太人的浪潮一波高於一波，對婦女的歧視更是遠沒有消除，出生在中下層猶太人家庭的她非常明白，自己選擇的路將困難重重。為了能夠繼續求學，她當上哥倫比亞大學一位生物化學家的祕書，這使她能旁聽研究生的課程。

經過千辛萬苦的努力，她終於如願以償地當上了伊利諾大學工程學院的助教時，歧視婦女的人卻又冷嘲熱諷說是因為許多優秀的男青年去參軍了，她才得以顯露出來。面對這些白眼冷遇，她全都不予理睬，更加努力地去做研究。

她在入校的第二年就取得了碩士學位，並成為伊利諾大學物理系的第一位女博士。在隨後的幾年裡，經過不懈的努力，她發明了放射免疫分析法，對醫學界可謂是一場革命，被稱為是第二次世界大戰後「在臨床醫學中最重要的基礎研究成果」，並因此而榮獲諾貝爾生理學及醫學獎。

她就是羅莎琳．蘇斯曼．雅洛，一位一生堅持走自己的路的女科學家。她有自己堅定的信念，不顧外人的冷嘲熱諷，不顧外界的困難阻撓，用滿腔熱情，走出一片屬於自己的廣闊天地。

縱觀古今中外所有有成就的人，他們無不是堅定不移地走自己的路的，即使選擇的是一條艱難的路，即使路上的艱辛與困苦沒有人與他分擔，即使會為此而付出沉重的代價，他們也從不把外界的困難和他人異樣的眼光、嘲諷、不理解放在眼裡，跌倒了，爬起來，彈彈身上的泥土，繼續前行。就像但丁說的：「走自己的路，讓別人去說吧！」想要做有成就的人，就不能活在他人的目光下，堅持自己的理念，摒棄前人的觀點，即使別人向你投來更多懷疑的目光也無須畏懼。相信自己，執著信念，走自己的路，不在乎外界的眼光。

智慧品人生

自己每做一件事，總會有人來進行評價，一旦他們覺得不合理或不認可，你就會受到他們語言的攻擊和干擾，讓你前進的路更加困難。久而久之，人們只得活在別人的眼光中，別人認為好的，就義無反顧地去做，別人認為糟糕的事，就敬而遠之，這樣的人生還有什麼意義？

愛默生曾說：「偏見常常會扼殺很有希望的幼苗。」為了避免自己被「扼殺」，當你向理想中的目標邁進，別人卻向你潑冷水，以打消你的積極性時，你要堅定信心，排除外界的干擾，集中精力致力於奮鬥目標。

不要把稜角磨圓，不要相信所謂的世故圓滑，人生需要的是實實在在的前行，走在悠悠的人生道路上，每邁出一步都是一種考驗，但只要看準了，就要充滿自信，敢於堅持走自己的路。

請記住：走自己的路，讓別人去說吧！

5．送人情不吝嗇，多為自己開條路

幫助他人的同時也幫助了自己。——羅夫．瓦爾多．愛默森

自古以來，先人就要求後人要知恩圖報，即如果有人給你恩惠，你就須記住人家的好處，找機會償還，這一欠一還，一來一去，也自然成了朋友，為自己多開了一條路。

但在生活中，又有多少人懂得施恩送人情對自己的益處呢？人們看的總是眼前的小利小益，從不去考慮長遠規劃。比如你在沙漠裡，把自己的水分給一個瀕臨渴死的人，他必定會從內心感激不盡，終生不忘，在以後的人生路上也會盡力幫助你。施恩送人情是一種美德，既能幫助他人，又能為自己多開條路，何樂而不為呢？俗話說：「在家靠父母，出門靠朋友，多一個朋友多一條路。」

人情是無形的資產，是財富

在日常生活中，許多偶然發生的事情，將會決定你未來的命運，可能是一句溫暖人心的話，一個關愛的眼神……。在人際交往中，多對周圍的人做點好事，不管是陌生的路人，還是朋友同事，在他們需要幫助時，在自己能幫助他們時，伸出自己的手，為他們提供一些

幫助，這都可能成為影響你將來命運的重要因素。

有一位自己創業的年輕人，在承包了一家大電器公司的工程後，十分注意與電器公司的員工搞好關係。他將電器公司中各員工的學歷、人際關係、工作能力和業績，做了全面的調查和瞭解，如果哪個人有需要幫忙的地方，哪怕他只是剛進公司的小員工，他都會盡力幫忙。他還經常在假日邀請公司員工一起出去玩，哪個人晉升了他也會為他祝賀。後來，在各家生意競爭十分激烈的特殊時期，許多公司倒閉破產，只有他的公司仍舊生意興隆。其中很大的原因就是他平常對員工付出的關心多，在困難時，這些人也幫助他，對他不離不棄。

送人情並不一定非得送大禮，也許沒有比幫助他人這一善舉更好的人情了。其實，人在旅途，既需要別人的幫助，又需要幫助別人。救人於危難倒懸，不但得到了人緣、信譽及聲望，也是積善積德，更是留下了人情，日後所得勢必要超過你的付出。

所以，不要在別人伸出求援之手時，冷冷地推開；不要在別人痛苦地呻吟時，無動於衷；不要在遇到不平時，不懂得什麼叫拔刀相助。更不要小看一句溫暖人心的話，小看幫助他人的一個小動作。古人云：「不積跬步，無以至千里；不積小流，無以成江海。」人們總是因積小善而成大德的。

對他人舉手之勞的幫助，或許僅僅是一個信賴的眼神，一聲贊同的掌聲，一個會心的微笑，都會給他人、給你帶來意想不到的驚喜。有一天，你為他人雪中送炭，哪一天，他人就會給你雨中送傘。

所有人都知道，求人幫忙是被動的，但如果別人欠了你的人情，求別人辦事自然會很容易，有時甚至不用自己開口，他人就會給你提供方便。所以不要吝嗇你的幫助，因為對於一個身陷困境的窮人來說，一枚銅板的幫助，可能會使他解決極度的饑餓和困苦，說不定還能做出一番事業，闖出自己富有的天下；對於一個執迷不悟的浪子，一次促膝交心的談話，可能會使他建立做人的尊嚴和自信，說不定還能在懸崖勒馬之後奔馳於希望的原野，成為一名真正的勇士。

人情要做足，好人要做到底

我們不難發現，所有有成就、很風光的人，其人脈都很廣。而這人脈大樹需要用人情去灌溉，缺少人情，樹再大，終究會乾枯，人情足，人脈樹就會枝繁葉茂。人生活在世上，不僅要做人情，還要把人情做足，好人做到底，才能穩固自己的人脈。

大家都知道，韓信在落魄時，曾受過鄉里惡霸的胯下之辱，在他當了楚王，衣錦還鄉後，完全可以殺死羞辱他的人來報當年的仇，但韓信不僅沒有殺死那個市井無賴，還封他做了楚國的一個小官。這使那個人大感意外，對韓信深為敬佩。韓信正是懂得以人情收人心，把人情做足、做滿，使自己的敵手成為心腹，為他赴湯蹈火也在所不惜。

但在現實中，我們常會看到這樣一些情況，比如你請朋友辦點事，朋友滿口答應沒問題，但幾天過去了，朋友卻對你的事不重視，以至於也沒有什麼結果，這時你是不是就會想，這朋友說話不算數，不能長交。所以，在別人有困難的時候，該出手時就出手，千萬別猶豫。如果答應要幫人家，就要盡心去做，不能做得勉勉強強。把人情做足，好人做到底，在朋友最困難、最需要幫助的時候，給他幫助。

要想獲得真正良好的人際關係，需要用一顆誠心與他人交往。真誠地幫助別人，不能只做口頭文章。

智慧品人生

很多人都滿懷壯志要做一番大事業，卻不懂得積小善可成大德、戒小惡才能避大禍的道理。

一個人若要讓人喜歡，如不能以做大事來感動他人，那就以一個小小的表情、動作使自己深得人心。因為人世間任何偉大的事業都是由很多小事組成的，一件微不足道的小事，或許可以完全改變人的一生，生活中的點點滴滴，也可以顯現出一個人的真心。

在他人遇到困難時，即使你只能出點微薄之力，也要熱心地給予，因為這在需要幫助的人眼裡，就像是雪中送炭一樣，會讓他心存感激，永遠也不會忘記。

其實生活中有許多事只是我們的舉手之勞，卻都有著不同的意義，所謂細微之處見精神，平凡之中孕育著偉大，懂得在小處幫助他人的人，必定會朋友遍天下。

6．當斷則斷，要做到黑臉無情

世上沒有一個偉大的業績，是由事事都求穩操勝券的猶豫不決者創造的。——愛略特

人的一生，經常會遇到讓人舉棋不定、猶豫不決的事情，在處理時，適當地考慮，避免出錯是有必要的，但如果太過於猶豫不決、優柔寡斷，那對於成功來說就是最大的障礙。

當今世界，充滿著各種機會，但機會來時要當機立斷，及時把握。猶豫者錯失良機，觀望者喪失機會，等待者永無機遇，強者抓住機會，智者創造機會。做事果斷，是一個人能否更快成功的關鍵。看到機會，要果斷決策，勇敢地行動，這樣你就成功了一半。

優柔寡斷，難成大事

所有成功的人都是敢想敢做的，具有當機立斷的能力，但現實生活中，並不是每個人都能做到這一點，他們總是瞻前顧後，患得患失，當斷不斷，以致經常錯失良機。

西楚霸王項羽，可謂是無人不知、無人不曉。他「力拔山兮氣蓋世」的豪情被世人所仰慕，但也正是因為他性格上的優柔寡斷，當斷不斷，才反受其亂，最後敗給了劉邦，改變了他的命運。在破秦入關時，項羽的謀士范增建議他趁此機會攻打劉邦，但項羽卻躊躇不決。

在得知劉邦想要稱王，掠奪了大量財富後，項羽才下決心消滅劉邦，但他卻不能果斷地下決定，不能堅持自己的主張，被人一番花言巧語就改變了想法，白白丟失了大好機會。在鴻門宴上，項羽原本有機會殺掉劉邦，但他總是下不了決心，拿不定主意。最後在自己的優柔寡斷下讓劉邦安然離開，逃之夭夭，最終讓自己成為一個失敗者。

人這一生，幾乎每時每刻都要做決定，當我們面對一些難以取捨的問題時，思考是必然的，但事實說明，如果優柔寡斷，就是在浪費成大事的機會，優柔寡斷者註定要吃大虧，因為當你再三考慮時或當你真的準備好時，機會可能已經不屬於你了，成功很可能會與你擦肩而過。

在這個競爭激烈的社會，一旦看到機會就要毫不猶豫地搶先出手，絲毫的猶豫都有可能使機遇被他人搶走。要想事業成功，在社會有立足之地，就必須具有果斷決策處理問題的能力，有當斷則斷的魄力，對自己認定的事要敢想、敢做、敢當。

做事要乾脆，果斷放棄

人生要經歷很多事情，有好的也有壞的，在你無法選擇的時候，要果斷地放棄，萬不可拖泥帶水，害了自己才後悔。

大海裡有一種棘皮動物叫海參，牠的外表如一根圓圓的香腸，身體上端的開口是嘴，下端的開口是肛門，體內有一些具消化及吸收作用的血管。當海參遇到危險時，就會果斷地把體內又黏又濕的血管和內臟器官排出來，纏在敵人的身上，自己「無臟一身輕」趁機溜走，經過十幾天，牠會重新再長出新的內臟器官。如果海參在那一刻沒有果斷乾脆地下決心，而是猶豫不決，那牠很可能就會為此丟掉性命。

其實人也如此。有時候我們需要堅持，但面對超越了自己所能承載的「貨物」，或對自己是多餘的東西時，就需要果斷地放棄。

縱觀人生道路，大多呈波浪起伏、凹凸不平之狀，果斷放棄是面對人生、面對生活的一種明智的選擇。必要地放棄，不是無能，而是為了明天更多的獲取。可古今中外，有太多的故事，讓我們看到因貪戀功名利祿、不能果斷放棄眼前的權與財，為此丟掉更多東西甚至性命的人，李斯就是一個。

李斯身居丞相之職，享受一人之下、萬人之上、權傾朝野的榮耀時，也曾想起他恩師的教導，在權力地位達到頂峰之時，果斷放棄，退出官場是非，回到家鄉過悠然自得、無憂無慮的生活。但他因為貪戀權力和富貴，一次又一次不能下決心放棄眼前的一切，最終被人陷害，殃及三族全都不能活命。

對一件事的執著不容易，要放棄更不容易。但如果你想成功，就必須學會果斷放棄。放棄那些不適合自己擔任的社會角色，放棄束縛自己的人情世故，放棄那些功名利祿，放棄徒有虛名的奉承誇獎。只有學會放棄那些本該放棄的東西，才能輕裝上陣、一路高歌；只有學會放棄，走出煩惱的困擾，生活才會絢麗多彩、生機勃勃。

智慧品人生

人生真的好奇怪，馬拉松比賽獲獎者說，只有堅持才能勝利，所有成功的人也在說，堅持就是勝利。可見，在他堅持自己選擇的路時，已經放棄了太多太多的東西。人生就是這樣，如果想成功，就必須堅持自己的信念，不能為他人所動搖，對自己認定的事要果斷而堅定地去做，對路上其他的誘惑要有果斷放棄的勇氣和決心，才能讓自己有更多的精力實現心中的理想。

7．能屈能伸謂之大丈夫

丈夫之志，能屈能伸。——程允升

在人們的意識中，山是力量的象徵，而水是柔弱的象徵。其實不然，有道是滴水能穿石，水也能彙集成波濤洶湧、驚濤駭浪的大海。

當一路暢通無阻時，它會奔流而下，而有高山峻嶺阻擋，不能前行時，它懂得適應地形，繞彎前進，去尋找一條新的出路，不管遇到什麼樣的阻礙和不順，都能坦然面對，做到能屈能伸，直奔自己夢中的理想所在地，可謂是自然界中的「大丈夫」也。

人也是如此。荀子說：「大丈夫根據時勢，能屈能伸，當屈則屈，當伸則伸。」一個成功的人，必定是具有強大的韌性與足夠彈性的人，在人生旅途中，無論是遭遇失意和得意，都能泰然處之，客觀面對。在失意時，懂得在狹小的空間裡，最大限度地屈下身來保護自己，以適應環境的變化，而心中並不氣餒；在高潮時，把握發展的機會，重新站起來，最大限度地揮灑自己的智慧與才幹。

如果心中存有遠大的理想，那麼就要能屈能伸，屈於當屈之時，是智慧，伸於可伸之機，也是智慧。人之屈，是為了保住生命，保存力量，所謂：「留得青山在，不怕沒柴燒。」人之伸，是為了找準機會，將蓄積已久的能量爆發出去，高揚自我，以便實現人生的理想。

能屈能伸，進退自如

一場大雪過後，人們在樹林裡發現了一個奇怪的現象：榆樹有很多粗大的枝條被厚厚的積雪壓斷了，而一旁的松樹卻生機盎然，沒有受到一點傷害。其原因就在於，榆樹粗大的枝條不會變曲，當冰雪在上面越積越厚，超過了它的承受能力時，只能被壓斷，而身軀柔弱的松樹在不能承受冰雪的壓力時，把樹枝垂下，讓積雪從身上滾落下來，才能在風雪過後，依舊挺拔，巍然屹立。

有志向的人認為，大丈夫在臨難時，無懼無憂，不屈不撓，不貪生以害義，寧殺身以成仁。剛強不屈才是大丈夫的本性。可過於剛強，不懂得屈身的人，極易折斷。縱觀古今中外，所有成就大事業的人，都懂得能屈能伸，可以進退自如。進時，必定是稱帝封王，建功立業，錦繡文章，譽滿中華，腰纏萬貫，富甲天下；退時，可以放下身段，委曲求全，淡泊名利，退隱山林，粗茶淡飯，自得其樂。

人生的道路不會是一帆風順、毫無波折的。這時候，面對障礙不能前進時，必須換個角度考慮問題，重新選擇道路，絕對不要「一條道走到黑」，一時意氣用事最後落個兩敗俱傷、魚死網破，丟了性命連以後反抗的機會都沒有了。

水因為一彎一曲而流向大海，蛇因為一屈一伸而得以前進。在人生前進的路上，不能硬著頭皮一路前行，不撞南牆不回頭，也不能受一點阻礙，就像縮頭烏龜一樣不敢伸頭。要想在紛繁複雜的世界中安身立命，成就大業，大丈夫必須懂得面對不同的情況，該進時要進，該退時要退，做到進退自如，方能立於不敗之地。

識時務者為俊傑，乃大丈夫之道

在中國的洞庭湖裡，生存著很多魚，每當旱季來臨時，湖水慢慢乾涸，魚蝦就會拚命尋找賴以生存的水，只有一種魚，牠把自己全身扎進濕泥裡，口銜泥水，靜靜地躺在泥裡一動也不動，就像死了一樣。

等到湖裡的水全乾了，魚蝦不是乾渴而死，變成魚乾，就是被人們撈走了，獨獨只有這種魚，被誤認為是泥巴，僥倖逃過一劫。隨後，牠就一直躲在泥裡，依靠自身保存的水分和能量來維持生命，直到雨季再次到來。

一個人不管有多大的實力，總會受到周圍環境和各種各樣因素的影響，不能實現自己的目標和願望，如果硬著頭皮一意孤行，最後吃虧的還是自己。古人講：「識時務者為俊傑。」

識時務者，識榮辱、知進退也。識時務者，知道什麼時候進，什麼時候退。剛柔並濟，在自己不得意的時候，退一步，保存實力，留下性命。

人生就像洞庭湖裡的泥魚一樣，真正的大丈夫不一定是那些縱橫馳騁如入無人之境、衝鋒陷陣無堅不摧的英雄，卻會是那些看準時局、能屈能伸的聰明者，他們懂得或陰或陽，或柔或剛，或開或閉，或弛或張，能夠適應不同的環境，採用不同的生存與發展方式。

當我們遇到危險或困難或形勢不利於自己時，不妨隱藏自己的鋒芒，給人以錯覺，讓對方放鬆對自己的打擊和注意力，把兩者的摩擦降至最低。

把頭低下來，不是軟弱，不是窩囊。面對猖獗的惡勢力，只知躲避、退縮、永遠都不敢挺身而出的無所作為者，才是窩囊。適時地低頭是為了保存自己的能量，把對自己不利的環境轉變成對自己有利的力量。

「識時務者為俊傑。」善於從容退讓，暫時忍辱受屈，暗地裡默默積蓄力量，等待轉敗為勝的時機，是為人處世的一種柔軟，一種權變，也是一種高明的生存智慧。

智慧品人生

人生漫長，變幻莫測，在前行的道路上難免會遇到困難、會碰壁，在面對厚重堅固又低矮的門框時，有多少人懂得低下頭呢？

真正的智者，懂得暫時的低頭並非卑屈，而是為了長久的抬頭。一時的退讓不是喪失原則和失去自尊，而是為了更好地前進。能屈能伸，剛柔兼濟，才不失男子漢大丈夫的氣度和風範。

學會低頭，就是讓人懂得忍。忍是一種寬廣的胸懷，忍是一種包容一切的氣概，只有能忍者才能做到大智大勇，而不是頭腦發熱的莽夫。在忍中，審時度勢，把握全局，順利跨越生活中意想不到的低矮「門框」，免受無謂的傷害。

世界由陰與陽構成，人生在世，活著也就是一捨一得的過程。學會了捨得，才能有完美的生活。

捨是一種智慧，得是一種勇氣，無貪的培養是解決人們心靈所有煩惱的強大力量。「君以此始，則必以此終」，你選擇了一種生活，就要相應的承擔選擇所帶來的連鎖反應，生活的味道有酸有苦有甜也有鹹，可謂五味俱全，但並不是每個人都可以嘗得到，所以總會有人在同一件事情之中，選擇一種屬於自己的味道。選擇了，捨得了，無非是要真正知道你自己要的究竟是什麼！

第五章

完美生活，捨得乃是引路人

1．不要為打翻的牛奶哭泣

如果你因失去太陽而流淚，那你也將失去群星。——泰戈爾

人的一輩子不可能順風順水，總有失利的時候。人生過程就是得到與失去的過程，如果沒有失也就無所謂得。所以，得與失是人生當中很正常的現象。

可是有很多人不能正視得與失，他們常為一時的得而欣喜若狂，又為短暫的失而黯然心碎。其實大可不必，真正成熟的人是不會計較這些的。

要知道，我們每個人最初來到這個世界上的時候，都是一無所有的，隨著一天天的長大，我們才慢慢地獲得了許多東西，如果因為某種原因我們又失去了它們，那也只不過是回到了從前，又有什麼可悲傷的呢？人之所以會因失去而悲傷，就是因為把以前的得到看成了理所當然。所以要想活出一個有意義的人生，就不能僅僅習慣於得到，還要習慣於失去。失去本身並沒有問題，有問題的只是人的心理。

失手打翻了一瓶牛奶，固然令人心裡不是滋味，可是也無須為此哭泣。因為哭泣並不能讓牛奶恢復原樣，只不過讓自己徒增傷心罷了。我們的痛苦並不是來自於失去，而是來自於我們的「不肯放手」。

萬事看開，得失隨緣

有個人坐在一艘輪船的甲板上看報紙，突然颳起了一陣大風，把他新買的帽子颳到了大海中。令人訝異的是，他不慌不忙地用手摸了一下頭，又看了看飄落的帽子，像是什麼事都沒有發生似的，又看起了報紙。

有人很疑惑，於是問他：「先生，你的帽子被颳入大海中了！」

「知道了，謝謝。」他仍然低頭看報紙。

「可是你那頂帽子值幾十美元呢！」

「是的，所以我正在考慮該如何省錢再買一頂呢！帽子丟了我很心疼，可是它再也回不來了，不是嗎？」說完又看起了報紙。

的確，失去的已經失去了，何必為之大驚小怪或耿耿於懷呢？人生長路漫漫，總有失去的時候。既然失去了，就不要再強求，畢竟有些失去是人為力量不能扭轉的。比如：公司要裁員，你不幸「榜上有名」；市場的競爭斷了你的致富之路；天災人禍讓你損失慘重，諸如此類明知道留也留不住的東西，又何必固執地要得到呢？失去有失去的道理，我們只需要用一顆平淡的心來面對，讓生命變得豁達和從容。

有句話說得好：「舊的不去，新的不來。」也許此時的你失去了一份淒美的愛情，失去了一次升遷的機會，又或許丟失了一筆錢財……，不管是哪一種情況，傷心和難過都是毫無意義的。與其為失去的工作傷心，不如振奮精神去找一份更好的；與其為分手痛不欲生，不如花點心思療養自己的傷口，然後尋找新的愛情；與其為丟失的錢財心疼不已，不如考慮如何能讓自己賺更多的錢。要知道，歷史不會為任何人停留或改寫，既然已經成了事實，最好坦然地接受它。

生活中並不是人人都能理智地面對失去，人們之所以對「失去」不能釋懷，也許正是驗證了那一句話：失去了才知道珍惜。擁有的時候不覺得好，等到失去才猛然發現，原來失去的東西是一件稀世珍寶。於是一直沉浸在回憶裡，懊惱不已，更無心進取。

一個真正懂得生活的人，不會計較一時的得失，他們會在一次次的彷徨失意中重新站起來，不斷修養自己的身心。只有這樣的人，才能品嘗到成功的喜悅，成為生活的強者。

失去的就讓它過去，也許有的東西本不屬於你，失去了說不定對自己也是一種解脫。如果太過留戀，也許你將失去更多。雪花飄飄很美，可是它終究要化為一無所有；百花爭豔很美，可是它終究要枯萎凋謝；傍晚的夕陽很美，可是它終究要西下。這些失去是必然的，你能留得住嗎？既然人人都無法抗拒，就該順其自然走下去，又何必為此傷神呢？

失便是得，何必傷神

有一天，一個女子在公園獨自哭泣，有人上前問她：「小姐，妳怎麼了？為什麼哭得這麼傷心？」這個女子說道：「男朋友和我分手了，我很難過，想不通到底為什麼，我對他那麼好，他還是要離開？」

不料，這個人聽了卻哈哈大笑，說：「妳真笨！」

這下子，這個女子就火了，說：「你這個人怎麼這樣！我失戀已經很傷心了，你不安慰我也就算了，反而還笑我笨！」

這個人回答：「傻瓜！這根本就用不著難過，真正難過的應該是他！因為妳失去的，只不過是一個根本不愛妳的人，他失去的卻是一個愛他的人。」

是的，既然已經分手，就不要再無謂地傷心了。古人云：「強摘的瓜不甜！」失戀固然讓人遭遇揪心揪肺的痛苦，但感情畢竟是兩個人的事情，一個人如何能強求的來？既然他選擇離開，肯定有離開的理由，也許他的離開能讓你找到屬於自己真正的幸福。

有時候也許因為你的放棄反而得到了，魚與熊掌不可兼得，要做出怎樣的選擇，還是掌握在自己的手中。人不能總是生活在過去的陰影裡，應該調節好自己的心態，相信夢醒後明天一切都會好的！

除了感情之外，任何事也都是這樣。時間、空間甚至金錢，我們僅僅是臨時占有，到最後終將失去，誰都無法避免。與其為了失去傷心，不如看看自己還擁有什麼，即使這些也終將失去，但畢竟現在我們還可以臨時支配。

當我們離開這個世界的時候，同樣也不會帶走什麼，關鍵是你給這個世界留下了什麼，而不是你曾經擁有過什麼。

命運是無法改變的，但是我們可以改變自己的態度。生活給予每個人成功的機會是同等的，之所以收穫不同，只是因為人們的心態不同罷了。

有個行人挑著一個扁擔，扁擔上掛著一個茶壺，突然茶壺墜落地上碎了，可是他頭也不回地繼續朝前走。路人見了忙喊他：「喂！你的茶壺掉在地上了！」誰知這個人淡淡地回答說：「我知道，既然已經碎了，回頭看又有何用？」

茶壺雖小，卻顯示出了一個人平和的心態，對於過去的事情我們只能緬懷和追憶，再多的傷感都是無濟於事的。如果你一味地浪費時間為無法改變的事實擔憂，不但會毀了自己的生活，甚至會毀掉自己的精神。人生就是不停地得到和失去，只要已經盡過最大的努力，即使失去了也沒有什麼可遺憾的，自己問心無愧就好。

智慧品人生

上帝給你關上一扇門時，會給你打開一扇窗。不論什麼時候，總有一條路通向光明，如果我們過於傷心就會錯過機會。所以，永遠不要為已經失去的東西傷心，因為上帝會送給你一個新禮物。如果自己先迷失了，又如何找到上帝為你開的那扇窗呢？因此，失去並不見得是壞事。花兒雖然凋謝了，卻換來了枝頭的碩果累累。所以說，失去便是得到，我們焉能不為當初的失去而感到欣然？繼續向前走，朝前看，前面另有一路風景一路歌！

2．患得患失，得不償失

不急功近利，不患得患失，堅定不移地奠定基礎、創造條件，自會有妙手偶得的樂趣。

——喬夫

生活中，總是會有這樣一些人，他們做什麼事情都要再三思量、反覆考慮，把方方面面都考慮得十分周全，做完之後又放心不下，如有不妥，就擔心事情會辦砸。還擔心別人對自己的看法，極其重視個人的得與失，心裡得不到片刻安寧。

這種人的心態其實就是典型的患得患失。患得患失在詞典中的意思是：擔心得不到，得到了又擔心失掉，形容對個人得失看得很重。有一句話說得好：「人生常會有得有失，但不可患得患失。」是的，得與失是每個人都不可避免要面對的問題，如果你不能以淡然的心態面對得到和失去，你就會得不償失。

患得患失會讓一個人為了達到自己的一己之利，打擊和排斥異己，甚至不擇手段，無所不用其極。而且患得患失的人活得並不輕鬆，心裡往往承受著比別人大幾十倍的壓力，弄不好還會落個顧此失彼、前功盡棄的結果。

所以，當我們在得與失之間猶豫不決的時候，一定要保持清醒的頭腦，不要做錙銖必較、追名逐利之徒。得與失應該用長遠的戰略眼光去看待，才會更有價值和意義，只有那些目光短淺的人，才會只顧眼前利益，看不見利益背後的隱患，更看不見緊跟在「失去」後面的「得到」。

患得患失是人生的精神枷鎖，是附在人身上揮之不去的陰影。現代社會的競爭不斷加劇，患得患失的人越來越多，能夠從容不迫的人越來越少了。患得患失的人總是怕會失去什麼，但其實他什麼都得不到，因為什麼都不想丟下，就什麼都得不到。正如哲學家叔本華說的一句話：「患得患失是在痛苦與無聊，欲望與失望之間搖晃的鐘擺，永遠沒有真正的滿足，真正幸福的一天。」

患得患失的人往往做不成大事，頂多也只是做個小掌櫃而已，躲在半人高的櫃檯後面，用漆黑的檯面擋住自以為十分高明的算計，為了些許蠅頭小利不停地撥弄算盤，可笑的是，他自以為天衣無縫的手段，早在一轉身之間，就自己把來龍去脈昭告了天下。

人生常事——得與失

《孔子家語》裡記載著一個故事：有一天，楚王外出遊玩，不小心弄丟了他的弓，他手下的人要去找回來時，楚王說：「不必了，弓掉了，總會有人撿到，不管是誰，反正都是楚國人得到，又何必再去找？」

孔子聽說了這件事，感慨道：「可惜呀，楚王的心還是不夠大！為什麼不講掉了弓，自然會有人撿到，又何必計較是否為楚國人呢？」

「人遺弓，人得之」，這是孔子的理論，應該是對得失最豁達的看法了，但又有多少人能夠達到聖人的境界呢？一般情況下，大多數人得到利益時都會喜不自勝，得意之色溢於言表；而失去利益時則會心情沮喪，憤憤不平之色流露於外。

這種患得患失的心態是不可取的，得到固然令人感到欣喜，但當你得到的時候，渴望就不再是渴望了，於是在得到中失去了期盼；而失去雖然令人感到傷感，但當你失去的時候，擁有就不再是擁有了，於是在失去中得到了懷念。所以，得與失本身就是無法分離的。

一個人考慮得越多，就越容易陷入患得患失的圈套裡。正如一個人創業一樣，剛開始的時候雖然艱難，但下「要創業」這個決定時卻很痛快，因為他不會考慮那麼多問題。

不過，一旦他取得了一些成就，就容易變得猶豫不決、患得患失了，因為他以前白手起家，也就無所謂得與失，現在有了一些基礎，當然會害怕失去這個失去那個，在害怕的同時，又期望什麼都能得到，到最後落個得不償失的結局，叫人如何不痛苦呢？

有這樣一位老太太，不知為什麼，不管是晴天還是陰天她都要痛哭流涕，別人見了都很不理解，就問她原因。她說：「我的兒子是賣冰淇淋的，一到陰天我就擔心兒子的冰淇淋賣不出去，於是就傷心地哭個不停；而我的女兒是賣傘的，所以一到晴天我就擔心她的傘賣不出去，也會很悲傷。」

人們聽了都哭笑不得，對她說：「妳怎麼不這樣想：晴天時人們都去買妳兒子的冰淇淋，陰天時人們都去買妳女兒的傘。這樣不就可以了嗎？」

這位老太太的想法雖然讓人覺得可笑，但現實生活中，像老太太一樣患得患失的人有很多，他們對得與失極其敏感，並且為這些終日煩惱著，長此下去，不僅對實際的狀況毫無幫助，還有損身心的健康。與其擔憂會失去，倒不如讓它失去好了，如果能換來心情輕鬆和愉快，不是更好嗎？

患得患失不可取

在紐約市的中央公園裡，每天下午都會有一輛豪華轎車穿過，車裡除了司機，還坐著一位無人不知、無人不曉的億萬富翁。富翁注意到：在公園的長椅上，每天都坐著一個衣著破爛的人，令他奇怪的是，他每次都在死死地盯著富翁住的旅館。

富翁對此產生了濃厚的興趣，一次他要求司機停下車來並走到那個人的面前，說：「不好意思，我十分好奇你為什麼每天都盯著我住的旅館看。」

「先生，」這個人答道：「我沒錢，也沒家，所以每天只得睡在這張長椅上。不過，我每天晚上都夢到住進了那間旅館。」

富翁聽了他的話後對他說：「那麼今晚你一定能如願以償，我將為你在旅館租一間最好的房間，並支付一個月的費用。」

誰知第二天，富翁再次穿過公園時，他又看到了那個人坐在公園的長椅上望著他的旅館，富翁十分不解，就問他：「你怎麼又回來了？難道你對我的安排不滿意嗎？」

那個人答道：「不，先生，我十分感謝您為我做的一切。但是當我睡在椅子上夢到睡在旅館裡時，那種滋味妙不可言，一旦我睡在了旅館裡，我就會夢見我又回到了冷冰冰的椅子上，這實在是可怕極了，完全影響了我的睡眠。」

俗話說：「醒著有得有失，睡下有失有得。」這句話用在這個窮人的身上實在是再合適不過了。其實，不管是哪一種生活，都有它的得與失，人生也許是因為有了得失無常才會變得更加美麗。會生活的人失去的多，但得到的更多，如果始終在患得患失的漩渦裡打轉，最後只能白白耗費自己的人生。

智慧品人生

每個人心中都有一座天秤，這一端放著「得」，另一端放著「失」，掌握住了平衡，不刻意去追逐擁有，才不會出現患得患失的心態，只有用一顆平常心去看待身邊的萬事萬物，才是智者之舉。

真正能夠不為患得患失所累的人，都是志趣高雅的人，他們有一種「不以物喜，不以己悲」的豪邁，能夠做到不把個人的得失記在心上，面對得失心平氣和。

大家所熟悉的大詩人陶淵明，他在官場摸爬滾打十多年，最終官場的汙濁和骯髒讓他感到厭倦。於是，他毅然決然地辭官還鄉，雖然他失去了功名利祿，失去了錦衣玉食，卻沒有絲毫遺憾和留戀。「采菊東籬下，悠然見南山。」陶淵明得到了精神上的得意和輕鬆，這是用任何物質的東西都難以取代的。

3．追求「完美」要不得

水至清則無魚，人至察則無徒。——《漢書・東方朔傳》

追求完美，是人類自身在成長過程中的一種心理特點或者說是一種天性，它更是一種積極的生活態度。然而，過於追求完美卻不見得是一件好事。因為人的欲望是無止境的，有了好的工作，又要有好的生活；有了好的生活，又要有好的愛情；有了好的愛情，還要有好的身體。這樣的生活態度不會給人帶來輕鬆，反而會壓力重重。

也許人們正是有了這種不滿足於現狀的心態，才會不斷地追求奮鬥，生活中才多了那麼多的精彩瞬間。但是時間長了，就會形成這樣一種情景：似乎任何一件事情都達不到讓自己滿意的狀態，吃不好，也睡不好，總覺得心裡有個疙瘩，很不舒服。這樣的生活不是很累嗎？

其實，我們在做事情的時候，真的不需要太過於追求完美，因為天底下幾乎沒有什麼事情是可以做到完美無缺的。任何事情都有個準則，就像水到了一百度就會沸騰，低於零度就結冰一樣，是很自然而然的事情。追求完美也是一樣，如果超過了這個標準，那麼反而會離完美越來越遠，所以實在沒有必要刻意地追求它。

刻意追求完美，完美反而更遠

一個漁夫在一次打魚的時候，撈到了一顆珍貴的珍珠，他很高興。但令人遺憾的是，珍珠上面有一個小小的黑點。漁夫就想：如果能想辦法把這個小黑點去掉的話，那這顆珍珠就會成為無價之寶了，到時候我就發財了。於是，他把珍珠去掉了一層，但是黑點仍然存在，又剝了一層，黑點還是存在。直到最後，黑點消失了，珍珠也不復存在了。

在現實生活中，我們又何嘗不是如此，過分追求完美，最後反而更加不完美，我們所付出的代價，往往就是失去「大珍珠」。所以，人的期望不能過高，夠好就行了。浪費太多時間和力氣追求完美，常常是沒有時間做好任何事情，想要面面俱到，卻是一面也不到。

《管子》說：「斗滿人概，人滿天概。」古人用斗作為量器，一斗的標準是斗要平，如果太滿了，就用一把尺一樣的東西把多餘的部分刮下來，而這用來刮斗的東西就是「概」。這句話的意思是說，斗滿的時候，人會把它概平；而人滿的時候，上天會把它概平。

人是最不容易滿足的動物，不滿足的根源就在於人的貪心太大了，正因為有了貪心，人們才會費盡心機去尋找十全十美的東西。但生活中的缺憾不可避免地存在，如果人人都對缺憾無法釋懷，就一定會造成心理的負擔、障礙乃至疾病。如此得不償失，又何必執著呢？

要知道，有時候完美也是一種缺陷，缺陷未必不是另一種完美。

有一個人，他堅信完美的存在，並且聲稱不管自己做任何事情都要力求完美。於是他在寫書的時候，不僅要求內容精彩，還要求字形完美、紙張完美，甚至如果他在寫的過程中出現一絲絲的錯誤，就要立刻換上另一張紙重新再寫。就這樣，他為了寫一篇自己心目中的完美文章，寫了停，停了寫，很多年過去了，他依然在寫寫停停中徘徊。

這個人的迂腐讓人覺得可笑，其實生活中的事情，能夠終結時就讓它終結，如果和事情本身沒有多大的關係，就不要再費心費力地追求了。要是一個人常常對問題的細枝末節甚至一絲一毫都不肯漏掉，後果只會是枝節橫生，甚至給別人也帶來無窮的牽連。試想一下，聞名世界的維納斯雕像若不是失去了雙臂，她是否還能像現在一樣受到人們的推崇？

追求完美的人，其實是可憐的人

有這樣一個故事：一個男人，傾盡一生尋找一個完美的女人，以至於到他七十歲的時候，還沒有結婚。於是有人問他：「你尋找了一輩子，也找遍了世界上的每一個地方，難道就連一個完美的女人都沒有遇到嗎？」

這個男人十分傷心地說：「有一次，我碰到了一個完美的女人。」那個人又問：「那你為什麼沒有和她結婚呢？」這個男人很無奈地說：「沒有辦法，她也正在尋找一個完美的男人。」

世界上沒有一個人是完美無缺的，這個世界上也不存在完美無缺的愛情，真正的愛情不只是最初的浪漫情懷，更多的是愛情過後的平淡歲月，是一種浪漫過後的真實生活。

那種生活，就如一條小溪在生命的長河中緩緩流過，波瀾不驚地、淡然地在你的生命長河中蕩滌出一條涓涓細流，時刻滋潤著你的生命。所以，我們不必追求事事都有好的表現，不必一開始就要求自己做到十全十美，保持一顆平常心，才是完美的心境。

在愛情中，我們不要刻意地奢望對方能夠給予我們很多，而是應該想著怎樣為對方付出，更應該對這份愛情心存感激，嘗試著做一個懂得愛與被愛的人。也唯有嘗試了，才會懂得愛情不是完美無缺，有著許許多多的缺點，但也終有一些東西是值得我們欣賞的。愛情，不必過分追求完美，它要的是一種暢快的心情，一種愉悅的感覺，一種超脫的自由，一種淡然的態度。

世界上沒有絕對的完美，現代醫學甚至認為，過分追求完美是一種強迫症，主要特徵是苛求完美。這些人往往對自己要求得過於嚴格，同時又有些墨守成規、謹小慎微，會因為過分地重視事物的細節而忽視全局，優柔寡斷的性格讓他們面臨意外時會不知所措。由於時刻都過度認真和拘謹，因此缺少靈活性，也很少會有自由悠閒的心境，缺乏隨遇而安的瀟灑，從而使自己長期處於緊張和焦慮的狀態。

智慧品人生

其實，不管做任何事情，只要盡自己最大的努力就好。所謂「過猶不及」，當我們為一點點的失誤而重新再來時，往往會錯過身邊更加美麗的風景。

俗話說：「金無足赤，人無完人。」做事情是這樣，對待自己更是這樣。我們不要自尋煩惱，不要作繭自縛，更無須給自己戴上原本可以不存在的精神枷鎖。完美本來就不存在，又何必苦苦追求一些虛無縹緲的東西呢？

4・快樂由自己選擇

我們無法改變這個苦難的世界，但我們也可以快樂地活著。——坎伯

古人認為：境由心生。一個人是否快樂完全取決於他自己的心態，因此每個人都完全有理由讓自己的一生變得更為快樂，只因快樂是自己內心的一種感覺，不是由別人來控制和決定的，它是可以選擇的，不管在什麼時候，我們始終有這個權利。

快樂是一種積極的心態，是一種純主觀的內在意識，是一種心靈的滿足程度。窮人有窮人的快樂，富人有富人的快樂，快樂沒有固定的模式，它只是人們各自對快樂的認知。在快樂的天秤上，無論是誰，都是平等的。

快樂掌握在自己手中

其實，快樂是有一個遙控器的。每個人的心中都有這樣一個遙控器，然而只有真正懂得人生的人，才知道如何運用它。真正懂得快樂為何物的人，並不期待別人帶給他快樂，反而總能把快樂帶給別人。

但大部分的人，卻是把遙控器交給了別人保管，常常抱怨先生不夠體貼的人，把遙控器

交到了丈夫的手裡；常常向別人訴說孩子不夠聽話的人，把遙控器交到了孩子手裡；常常認為上司不夠賞識自己的人，把遙控器交到了上司的手裡；常常覺得媳婦不夠孝順的人，又把遙控器塞到了媳婦手裡。這些人都做了一個相同的決定，那就是讓別人來控制他的心情。

當一個人允許別人來控制他的心情時，他便會覺得自己是一個被動的受害者，對現有的狀況無能為力，於是抱怨變成了他們唯一的選擇，並且認定了自己的不快樂都是由別人造成的。這樣的人似乎承認了自己不能掌握命運，只能可憐地任人擺布。

有人說，其實痛苦和快樂是一對孿生兄弟，最關鍵的是你如何選擇。就好比春天和秋天一樣，如果你認為只有生機勃勃的春天能給你帶來快樂而拒絕了秋天，那麼秋天的到來一定會讓你痛苦不堪，因為我們不能阻止時間的腳步。

如果你說服了自己，選擇快樂地度過秋天，你會發現，原來秋風瑟瑟、落葉紛紛的秋天也是另一種美麗。你的選擇也許不是最好的，但是一定是你最愛的，一定是令你快樂的，一定是讓你沒有遺憾的！

當然，人不是非要快樂不可，但人為什麼非要讓自己不快樂呢？世界上的許多事本來就無所謂好壞，面對一件事情，你是保持樂觀豁達的心境還是自尋煩惱，全在你的一念之間。選擇自己認為正確的，並且盡最大努力將其實現，那麼，你永遠都是快樂的。

快樂地看待自己的選擇

有四個年輕人，他們很幸運地得到了上帝的垂青。上帝說他們可以搭上一趟能夠實現願望的列車，去選擇自己的將來。「願望列車」一共有四個停靠站，分別是金錢站、親情站、權力站和健康站。他們可以根據自己的願望選擇一個停靠站，經過努力後，在這方面的發展就會特別順利，直到成功，不過其他方面會相應的弱勢一些。

於是，四個人帶著自己的夢想做出了選擇。第一個人在「金錢站」下了車，第二個人在「親情站」下了車，第三個人在「權力站」下了車，最後一個人在「健康站」下了車。三十年過去了，他們四個人不約而同地來找上帝傾訴。

第一個人說：「感謝上帝，我現在非常有錢，可以說富可敵國。可是年輕時為了賺錢，我幾乎透支了青春，身體出現了很多毛病。而且由於常年在外經商，備受冷落的妻子也離我而去，工作的繁忙也讓我疏忽了對兒子的管教，他現在好吃懶做，成了扶不起的阿斗。我覺得很不幸，現在我能否用我的錢把健康和親情買回來？」

第二個人說：「我現在很幸福，有一個和諧美滿的家庭，父母健康長壽，妻子溫柔賢慧，兒女懂事孝順。可是我也有很多煩惱，我沒有過多的錢讓操勞了一輩子的父母過上更好的生活，我的妻子從來沒有享受過戴鑽戒的快樂，兒女的公司也不是很好，而且他們結婚買房子還得貸款。現在，為了讓我的家人更幸福，我能用親情來換回金錢嗎？」

第三個人說：「我現在大權在握，雖然很多人都在我面前說討好我的話，但是我知道在背後他們對我卻是惡語謾罵。我的『啤酒肚』毛病一大堆，遇上別人請吃飯不去還不行，不然會被別人說成是耍大牌。若我堅持原則辦事，親戚會說我六親不認，朋友說我不講義氣；若我徇私舞弊，心裡又覺得不踏實，說不定還有牢獄之災。現在，我多想擁有健康和親情呀！」

最後一個人說：「我身體一直都很健康，從來沒有去過醫院，這一點讓別人非常羨慕。可是我的妻子總是說我不求上進，沒有魄力，像我這樣一輩子也別想過上開高級轎車、住豪宅的日子。我非常煩惱，我能不能用我的健康交換金錢和權力呢？」

上帝聽了這四個人的傾訴後，指了指天空中自由自在的小鳥，又指了指在籠中歡快跳躍的小鳥說：「其實人就像小鳥一樣，天空中小鳥的快樂，在於牠選擇了自由，選擇面對生活中的困難；而籠中小鳥的快樂，在於牠選擇了安逸的生活，在於牠的衣食無憂。所以，快樂源於自己的選擇，以及如何看待自己的選擇。」

看完這個故事不禁讓人深思：路，是自己選擇的，也是自己走出來的。可是有很多人就像故事中的四個人一樣，很少人會感覺自己的生活是快樂的。也許上帝說的對，快不快樂在於你如何看待自己的選擇。

選擇是人生的一大難題，沒有人能替你解決這一難題，靠的只有你自己。只要別讓世俗的塵埃蒙蔽了眼睛，只要別讓太多的功利給心靈套上了沉重的枷鎖，你就會發現，快樂其實就在我們身邊的每一個角落，唾手可得。

智慧品人生

沒有人能讓你永遠快樂，只有你自己可以做到！如果你能夠學會在紛繁複雜的事物中尋找快樂，在痛苦煩惱的煎熬中選擇快樂，在悲歡離合中提煉快樂，你就會知道，快樂是無處不在的，它可以讓你從平凡到富有、從沉重到輕鬆、從辛苦到甜美、從煩瑣到簡單。

快樂就像天上飛翔的風箏一樣，雖然它飛得那麼高那麼遠，甚至有時還會跑到你的視線之外，但是風箏線始終都在你的手中，只要你緊緊地抓住它，快樂就會時刻圍繞著你。

快樂是什麼？快樂是一種只有自己才瞭解的心理感受，活得快不快樂實在不應該受到別人的影響。

5．原諒別人，就是善待自己

寬容就像天上的細雨滋潤著大地。它賜福於寬容的人，也賜福於被寬容的人。

——莎士比亞

相信大部分的人在生活中都會遇到一些令自己傷心、痛苦甚至憤怒的事情，這些傷害或來自於朋友，或來自於家人，又或來自於同事。許多人經歷這些事情時，都會有或多或少的委屈和不甘，甚至陷入深深地怨恨中不能自拔。那是一種有苦說不出來的痛，是一種久久無法釋懷的苦，是一種無以言表的悲哀，是一種欲說還休的無奈。

人非聖賢，孰能無過？人總是會犯錯的，相信犯錯的人心裡也有很多的自責和懊惱，倘若我們能夠原諒他們，既減輕了別人的負擔，也化解了自己的心理壓力，能利人利己，豈不是兩全其美嗎？

而且當有一天我們也犯了錯誤的時候，同樣也能得到別人的原諒。如果我們固執地守著怨恨心理，那無異於作繭自縛，永遠都看不到明媚的陽光，找不到快樂的天地。所以說，唯一能夠解決問題的辦法就是原諒別人。

有人說過，一個人活得快樂，不是因為他擁有的多，而是因為他計較的少。但是，很多事情都是說起來容易做起來難。原諒，本身就是一件很難的事情。有時雖然嘴裡說著原諒，但內心未必真正的原諒了。因為原諒不是一件東西，只要你想要就能拿過來，真正的原諒是需要學習的。

有一種勇敢，叫做原諒

我們不肯原諒別人所犯的錯誤，說到底其實還是不能說服自己，還是因為自己放不下。也許朋友一句無心的話深深地傷害了你，也許父母出於愛的責罵深深刺痛了你，如果你不能夠原諒他們，那麼這將會成為你心中永遠的陰影。所以說，學會原諒別人，對自己來說也是一種解脫。

真正的原諒需要博大的胸襟，從心裡去讓別人感受那份寬恕，偉大的發明家愛迪生就有著寬大的胸懷。在發明電燈泡的過程中，愛迪生實驗了無數次，也失敗了無數次，甚至受傷了無數次，其中的艱難困苦、酸甜苦辣只有他自己才知道，但是他從來都沒有放棄過。

有一次，他和他的助手又一頭栽進實驗室裡，埋頭苦幹了一天一夜，令他無比興奮的是，他們成功了！世界上第一個電燈泡產生了！這個異常珍貴的成果讓他們欣喜若狂，愛迪生叫來一個年輕的學徒，讓他把這個電燈泡拿到樓上好好地保存起來。誰知，這個學徒因為知道這個電燈泡來之不易，因此心裡異常緊張，結果在上樓的時候不住地發抖，腿軟一下子摔倒了，電燈泡也摔得粉碎。

愛迪生感到非常惋惜，但他並沒有責備這個學徒。幾天後，經過他和助手的努力，又一個電燈泡製作成功了。這次愛迪生想也沒想，仍然叫來那個學徒，讓他送到樓上。這一次，這個學徒安全地把電燈泡拿到了樓上。

事後，他的助手埋怨他說：「原諒他也就夠了，為什麼還把電燈泡交給他呢？萬一又出事怎麼辦？」

愛迪生回答說：「真正的原諒不是光靠嘴巴說的，而是要靠做的。孩子，你仔細想一想，真正的原諒到底是什麼？」

愛迪生寬大的胸懷讓人們不禁對他敬佩有加。是啊，真正的原諒要靠我們的行動來表達。試想，如果他對學徒無心的過失耿耿於懷，那他以後所有的發明成功時，恐怕都要小心翼翼了，甚至有可能不相信任何人，做什麼事都得自己親自出馬，這樣豈不是很累嗎？

所以說，原諒，是一種包容，是一份愛心，更是一種風度。人和人之間難免有碰撞有摩擦有矛盾，也許對方根本就是無意的，也許對方有難言之隱，不妨試著給別人一次機會，也許自己也會有意想不到的收穫。因為原諒遠遠比報復要好得多！

有一種原諒，讓人感動

人生在世，傷害在所難免，這是任誰都無法改變的事實。當然，我們會因為受傷而感到憤怒是無可厚非的，我們無法原諒傷害的始作俑者也是可以理解的，但是不原諒也是一把雙刃劍，會傷人也會傷己。

如果一直都不能原諒一個人或一件事，那麼內心的傷口是永遠無法癒合的。所以，我們不妨拋開心中的怨、恨、不滿以及不甘，不要讓那些令人窒息的情緒壓迫我們的心靈，它們會像烏雲一樣層層地遮住燦爛的陽光，讓我們看不到美好。

在佛學中，原諒別人更是一些得道高人畢生的追求。《金剛經》中記載著這樣一個故事：有一日，忍辱仙人在林間打坐，恰巧碰到以殘暴聞名的歌利王率領許多宮女在遊山玩水，趁著國王休息之時，美麗的宮女們結伴遊林，無意間來到了仙人的面前。

以法為重的忍辱仙人，便趁機為這群宮女施展斷除貪欲之法。正在施法之時，歌利王突然持劍而來，不分青紅皂白便怒氣衝衝地斥責仙人：「你好大的膽子！竟然以幻術誘惑我的宮女！該當何罪？」

忍辱仙人不但沒有生氣，反而平心靜氣地接受暴君的無理取鬧，甚至當歌利王用劍刺傷他時，他心中還存著慈悲之心，並且主動發願：「但願我來世得道時，能先渡大王。」由於仙人心存寬容，他最後恢復了完好的身形。忍辱仙人用慈悲之心原諒了誤會他的歌利王，將彼此的惡緣化為菩提善緣。

忍辱仙人的大度令他在人們心目中的形象頓時高大了起來，雖然只是一個寓言故事，但現實生活中不是也常有這樣的事情發生嗎？有人說，原諒是一種生存的智慧、生活的藝術，是看透了社會人生以後所獲得的那份從容、自信和超然。

原諒別人，也就是善待自己，走出困苦不堪的心靈，你會發現處處有怡人風光，處處有鳥語花香，另一個迴然不同的世界在等著你精彩的「演出」！讓我們都學會原諒吧！因為我們彼此都需要原諒。原諒，是最高貴的美德！

智慧品人生

每個人一生下來就會哭、會笑、會生氣、會發怒，可是沒有人生下來就會原諒。那些脾氣好的人，也許是不容易生氣的，也許是不願意大動干戈的，但未必懂得原諒；那些脾氣暴躁的人，氣來得快走得也快，但只能說他們比較容易遺忘，絕非懂得了原諒。原諒是一門學問，值得所有人學習。

生命，其實很短暫，只有匆匆數十年；生命，其實很脆弱，很多人和事我們都無法把握。過去了的光陰似箭，未來的歲月不可預知。這個世界還有太多的事情等著我們去做，與其把時間浪費在記恨和算計上，讓別人痛苦自己也不好受，不如把時間用來好好地享受生命，享受快樂，享受愛……，放下吧，拋開吧，原諒那些曾經令你生氣和憤怒的人，讓所有的傷害都隨風而去吧！

6．會「忍」才會有「成」

忍耐是一帖利於所有痛苦的膏藥。——賽凡提斯

在社會上行走，其實「忍」字很重要，因為誰都不可能在任何時間和地點都事事如意、一帆風順，總有些事情是沒有辦法解決的，所以只能選擇忍耐。

「忍耐」是一個人品性的養成，更是一個人克己的功夫，忍耐可以發揮出令人意想不到的神奇功效。但凡成大業的人，必然都有非凡的忍耐力，否則遇事便不能鎮靜、沉著應付。而那些一受到「刺激」便無法忍耐的人，是不會有所成就的。

現實中為什麼有那麼多的人失敗了，不是因為他們缺少知識和才能，而是他們中途放棄，其實成功已經很近了，只不過他們的耐性差了一點點，於是便與成功擦肩而過，錯過了一次，可能就是錯過了一生。

命運對於每個人來說常常是一種折磨，當我們身陷逆境，一時又無力扭轉面臨的頹勢時，我們只能在忍耐中等待命運的轉機。說得直接一點，其實忍耐就是要我們學會不做蠢事，不做那些一時痛快，過後又懊悔終身的事情。

忍耐可以鍛煉人的意志，更能夠反映出一個人的修養。忍耐並不是說明一個人軟弱可

欺，相反，它恰恰是強者的象徵。

生活需要忍耐

不懂得忍耐只會讓你因小失大，懂得忍耐的人會明白，多一份忍耐，世界會變得更加綺麗，多一份忍耐，生命會變得更有意義。那麼，為什麼要逞一時之強，讓別人也讓自己都陷入困境呢？要相信烏雲總是遮不住太陽的，金子放在任何地方都會發光，忍耐總是與成功相依相伴的，跨過這一步，你就可踏進成功的領域。

在美國的阿拉斯加流傳著這樣一個故事：有一對年輕夫妻，婚後的生活一直很甜蜜。但不幸的是，年輕太太在分娩的時候因難產死了，只給他留下一個孩子，還有無限的傷心。因為沒有人幫他看孩子，年輕人一邊工作，一邊還要照顧家裡。常常兩邊無法兼顧，手忙腳亂。於是，他就訓練了一隻狗，這隻狗聰明伶俐，牠學會了如何拿奶瓶給孩子餵奶，不久便能熟練地照顧孩子，於是年輕人就輕鬆多了。

有一天，年輕人出門去了，就把狗叫來看孩子。由於天降大雪，年輕人被困在外面，第二天才趕回家。狗聞聲立即出來迎接他。他把房門打開一看，嚇了一跳，屋裡到處都是血，床上也是血，孩子不見了，而狗的嘴裡也全是血。

年輕人見狀，以為狗獸性大發，把孩子吃掉了。狂怒之下，拿起刀向著狗頭劈了下去，狗立即斷了氣。忽然，他聽到孩子的聲音，又看見孩子從床底下爬了出來，他連忙抱起孩子，雖然孩子身上有血，但沒有受傷。

他很納悶，不知道怎麼回事，再回頭一看，門後躺著一隻已經死去的狼。他這才明白了，原來是狗救了孩子，但是卻被他誤殺了，年輕人懊悔不已……。

看完這個故事，不少人都為那隻可憐的狗鳴不平，做了好事居然落得這樣一個下場，真是不值。是啊，如果年輕人能夠再忍耐一會兒，或許結果就不會是這個樣子。但大錯已經鑄成，無論他再怎麼懊悔，也換不回忠實狗兒的性命了。

誤會的殺傷力是無窮的，一個小小的誤會，可能會讓我們失去一個朋友甚至一個親人，只有忍耐才能避免這些悲劇的發生。

忍耐成就大業

人生的路途中，總有磕磕絆絆、風風雨雨，為了輝煌的事業，為了遠大的理想，我們更需要忍耐。也許我們只有一腔熱血、一份豪情，也許我們會躊躇在黎明前的黑暗中長時間見不到曙光，但只要我們堅持在忍耐中奮鬥，在忍耐中堅強，在忍耐中成長，相信總有那麼一天，我們會邁向成功。

有一個剛剛畢業的大學生，到一個海上油田鑽井隊工作。上班的第一天，領班要求他在規定的時間內，把一個包裝很漂亮的盒子拿給在井架頂層的主管。年輕人抱著盒子，快步登上通往井架頂層的舷梯。當他氣喘吁吁、滿頭大汗地登上頂層，把盒子交給主管時，主管只是在盒子上面簽個名，又讓他送回去。於是，他又快速走下舷梯，把盒子交給領班，令他生氣的是，領班也只是在盒子上簽上自己的名字，又讓他再次送給主管。年輕人看了看領班，猶豫片刻，不過還是照做了。

當他第二次到達主管身邊時，他兩腿已經發軟，並且抖得厲害。誰知道主管還是和上次一樣，只簽了自己的名字，又讓他把盒子送下去。年輕人強壓心中的怒火，轉身走下舷梯，把盒子送了下來。可是領班還是和上次一樣，簽了名，又叫他把盒子送上去。年輕人幾乎要發作了，不過還是忍了下來。他又一次步履艱難地爬上舷梯，第三次來到了主管的面前。

主管看著他不慌不忙地說：「把盒子打開。」年輕人撕開外面的包裝紙，打開了盒子——裡面有兩個玻璃罐：一罐是咖啡，一罐是奶精。年輕人終於無法克制心頭的怒火，把憤怒的目光射向主管。

主管又對他說：「去沖杯咖啡過來。」此時，年輕人再也無法忍耐了，他「啪」的一聲把盒子扔在地上，說：「我不幹了！」

主管站起身來，對他說：「你可以走了。本來你只要再忍一下，就可以喝到你沖的咖啡了。剛才讓你做的這些叫做『承受極限訓練』，在海上作業隨時都會有危險，所以隊員必須要有超強的忍耐力。很可惜，前面三次你都通過了，只差最後一點點。現在，你可以走了。」

年輕人無語……。

年輕人失去了一份好工作，不禁讓人替他感到惋惜。其實任何事都是這樣，固然，忍耐壓抑了人性，忍耐讓人感到痛苦不堪。但是，成功也常常是在你忍耐了常人所無法承受的痛苦後，才突然出現的。

一個具有忍耐力的人，只有在「山窮水盡」的時候，才更能顯出他的與眾不同，所以不要抱怨造化弄人，因為這一切無情的遭遇和刁難，無一不是刺激你發憤圖強的因素和機會。所以說，成功是許多忍耐的總和，忍耐是成功的必備要素。動不動就發脾氣的人，雖然可以解除一時的心理壓力，但從長遠的角度來看，這無疑是自斷前程，唯有「忍」可以戰勝一切。

常言道：「忍得一時之氣，免得百日之憂。」人是群居動物，每個人都需要和別人打交道，人生的幸福是要和其他人通力合作才能獲得的。因此，每個人都必須學會與大家和諧相處。然而，只要有人群的地方就會有矛盾，如果人人都不會忍耐，那這個世界豈不是要亂成一團了嗎？如果你能和每一個人「化衝突於無聲」，自然會受到大家的尊敬，無往而不利。

當然，忍耐也不是一味地逆來順受、陽奉陰違，它更不同於猶豫不決、趨炎附勢，它只是能夠讓我們在惡劣的環境下求生存的一種方式。所以，我們忍耐，是因為我們相信明天的陽光會更加燦爛；我們忍耐，是因為我們心中充滿愛。

7．敢於冒險，抓住機遇

當危險逼近時，善於抓住時機迎頭痛擊它，要比猶豫躲閃它更有利，因為猶豫的結果恰恰是錯過了克服它的機會。

——培根

冒險精神，始終都是人類社會進步的最重要的動力。福特汽車總裁菲利浦曾經這樣說：「假如人人都缺乏冒險精神，那麼今天就沒有了電源、雷射光束、飛機、人造衛星，也沒有了盤尼西林和汽車，成千上萬個成果將不可能存在，我們人類必將面臨重重的危機。」

是的，人類歷史的發展是伴隨著一個個冒險事件而創造的奇跡。發現美洲新大陸，是哥倫布海上冒險的結果；原子彈爆炸的成功，是眾多科學家冒著生命危險實驗的結果；美國毒蛇專家海斯德為了發明一種抗體，曾在自己的身上注射了二十八種蛇毒，每一次注射，他都經歷一次生與死的考驗。正是他這種敢於冒險的勇氣，讓他攻克了科學的堡壘，為醫學史甚至是整個人類史都做出了突出的貢獻。

冒險精神不僅表現為一種頑強的意志，更是一種善於把握機會的高超能力。縱觀古今中外無數的成功之人，他們之所以能有所成就，不是因為機遇青睞他們，而是因為他們敢於冒險、善於抓住機遇。他們敢於打破常規，敢嘗試別人不敢嘗試的事，所以他們提早一步抓住了機遇，這正是他們的聰明之處。

但是他們也深知，冒險肯定會有風險，但風險的背後通常暗藏著機遇，風險越大，收益也會越大。俗話說得好：「捨不得孩子套不得狼。」如果做什麼事情都要跟在別人的後面，從不敢冒一次險，這樣的人又怎麼會成功呢？

風險中藏著機遇

「敢於冒險，抓住機遇。」這句話在商場上更能體現出它的價值。商業活動中總是有很大的隨機性，隨時都可能出現意外情況，變幻莫測令人難以捉摸。但是成功又是每個人都非常嚮往的，在種種不確定的環境下，冒險便是在所難免的了。

南宋時期，有一天，杭州城最為繁華的街市失了火，藉著風力火勢迅速蔓延，頃刻間，數以千計的房屋陷入了一片火海中，所有的店鋪都化為了灰燼。

有一個姓裴的富商，他苦心經營了大半生的幾家當鋪和珠寶店也不幸成了犧牲品。大火越燒越旺，很多人都拚命地命令自己的夥計衝進火海搶救財物，但他並沒有這樣做，而是不慌不忙地指揮他們迅速撤離。他那一副聽天由命的神態，令其他商人大惑不解。之後，這位富商又不動聲色地派人低價購買了一大批木材、毛竹、磚瓦、石灰等建築用材，還處於悲痛中的人們根本不理解他究竟想做什麼。

最後，大火終於被撲滅了，可是杭州城卻已經被燒得面目全非，一片狼藉。沒過多久，朝廷下令：重新修建杭州城，且凡銷售建築材料者一律免稅。一時間，杭州城大興土木，建築材料供不應求，價格飛漲。這位姓裴的富商便趁機拋售先前低價購買的建築材料，獲利巨大，遠遠超過了其在火災中遭受的損失。

生活中，總有一些人哀嘆命運不公，抱怨為什麼別人遇到的都是明媚的陽光、和煦的春風，而自己碰到的都是冰天雪地、寒霜冷雨，事實上果真如此嗎？

比爾．蓋茲上大一的時候從哈佛大學退學，這難道不是一種冒險嗎？但是他抓住了加盟ＩＢＭ公司這個機遇，現在他已經是世界首富。拿破崙的軍事生涯中不也處處充滿了冒險嗎？但是他抓住了一次鎮壓政變的機遇，一舉成名，直到後來一路凱歌做了法蘭西共和國的皇帝。其實，上帝是公平的，他給了每個人同等的機遇，而成敗與否的關鍵在於自己能否抓住機會。

試問，有哪個人願意一生庸庸碌碌，甘心默默無聞地了此一生？又有哪個人不盼望自己過得轟轟烈烈、春風得意、功成名就？但機遇是可遇而不可求的，它常常會不知不覺地出現，如果你掉以輕心，它又會不知不覺地溜走，等到發現的時候已經為時已晚了。

有這樣一句話：「冒大險賺大錢，冒小險賺小錢，不冒險不賺錢。」還有一句話說：「人生的得失，關鍵在於機遇的得失。」可見，冒險和機遇之間有著千絲萬縷的聯繫，快跑的未必能贏，力戰的未必得勝。只要你敢於冒險，善於抓住機遇，即使你的智商、情商和財商都一般，也照樣會有出路！因為敢於冒險的人在關鍵時刻總是能果斷出擊，先行一步，因而比別人更容易抓住機遇，更早獲得成功！

生命短暫，但又是如此地多姿多采，能捨自己不願捨之物，可得自己想得而得不到之物，這就是我們在捨得之間所要走的人生路！

第六章

感悟捨得，品味人生

1．贈人玫瑰，手有餘香

只為家庭活著，這是禽獸的私心；只為一個人活著，這是卑鄙；只為自己活著，這是恥辱。

——奧斯特洛夫斯基

社會上的每一個人，都不可能孤立地存在，每個人都和周圍的人有著千絲萬縷的聯繫，那麼，這個人所做的事必然會對其他人有或多或少的影響，其結果又反過來影響到自己。

有人把社會比作一張大網，把人比作這網上的一隻小蜘蛛，不管這張網你是否喜歡，你都必須接受它，因為它是我們生存的基礎。所以，一個人若想在世界上活得開心，就必須廣結人緣，給人以方便，做事情的時候不能光考慮自己而忽略了別人，你愛別人，別人才有可能愛你。「贈人玫瑰，手有餘香」，蘊含的就是這個道理。

每個人都需要在被讚美、被關懷和被愛中建立他們的自信心、成就感和滿足感，當你對他人送去一份關懷、一份尊重、一份讚美時，必定能收到別人對我們更大的回報，同時我們也收穫了心情的平靜與愉悅。

助人即是助己

當我們拿起鮮花贈送給別人時，最先聞到芬芳的是我們自己，當我們抓起泥巴企圖拋向別人時，先弄髒的必然是自己的手。所以說，善待別人就是善待自己，就好比為他人身上灑香水，自己也能沾上些許香氣。一句溫暖的話，一個友好的舉動，都能深深地溫暖別人的心扉。在關鍵的時候，你伸出了助人之手，那麼，當你自己身處險境時，肯定也不會孤軍奮戰。

這是一個真實的故事：十九世紀九〇年代初，有一天，一個名叫弗萊明的貧窮蘇格蘭農夫正在田地裡耕作。忽然，他聽到了附近的沼澤地裡傳來一陣呼救聲，他連忙丟下手中的工作跑過去。到了那兒，他看見一個小男孩陷在黑色的泥潭裡，由於太過於驚恐，小男孩不斷地尖叫和掙扎，結果身體越陷越深。在這個關鍵時刻，弗萊明伸出了援助之手，沉著勇敢地將這個小男孩從死亡的邊緣拉了回來。

第二天，一個衣著華貴、氣度不凡的貴族人士來到了弗萊明的家裡，原來他就是那個小男孩的父親，他帶著重金來酬謝弗萊明對他兒子的救命之恩，但被弗萊明委婉地拒絕了。此時，農夫的兒子從簡陋的農舍跑了出來。於是，在貴族的一再堅持下，弗萊明終於同意由貴族資助他的兒子上學，貴族希望農夫的兒子能成為像他的父親一樣勇敢和善良，讓所有的人都為之驕傲的人。

農夫的兒子沒有讓人失望，他進了最好的學校讀書，最後畢業於倫敦聖瑪麗醫學院，後來因為發明盤尼西林而享譽世界，他就是大名鼎鼎的亞歷山大·弗萊明爵士。

許多年以後，貴族的兒子在二戰期間患上肺炎，而再一次拯救他的生命的就是盤尼西林，很多人都會認為這是一個巧合，是上帝的安排。難道這只是一個簡單的巧合嗎？這個貴族是藍道夫·邱吉爾勳爵，而他的兒子則是盡人皆知的英國前首相——溫斯頓·邱吉爾。

「贈人玫瑰，手有餘香」，「滴水之恩，當湧泉相報」，雖然大發善心只在人的一念之間，但善心所結下的善果，卻會永久地芬芳馥郁，香澤萬里。

付出才有收穫

人生在世，既是短暫的，又是漫長的。要想過得快樂，過得幸福，就必須要有「贈人玫瑰」的愛心，心存善意。愛是一種強大的力量，無論行為多麼渺小，當你毫不吝嗇地贈與別人後，就一定能吐露芬芳，綻放美麗，自己也會越發的強大起來，因為我們所收到的回報遠遠大於我們的付出。

在炮火連天的戰爭年代，有一支部隊奉上級的命令去攻占敵人的堡壘。槍林彈雨中，一位連長在地上匍匐前進時，驚見一顆手榴彈正好落在一個小士兵的身邊，而小士兵卻毫無察覺。

在這千鈞一髮之際，連長不顧一切地衝了過去，一下子伏在小士兵的身上，用自己的身體掩護這個年輕的生命。「轟隆」一聲巨響過後，他抬起了頭，而這一抬頭卻讓他驚出了一身冷汗。

因為就在他起身保護小兵的那一瞬間，一顆炮彈落在他剛剛匍匐過的位置上，把那裡炸出一個巨大的彈坑。而小士兵身邊的手榴彈，敵人在扔出來的時候根本沒有拔掉保險插銷。

試想，如果連長顧及自己的生命而不去救小士兵，那麼他的生命早就不存在了。在生活中，我們很容易有幫助別人的機會，那麼，就不要錯過，更不能吝嗇，用你無私的心靈和熱忱的雙手去幫助別人吧！

「贈」不會讓我們損失什麼，卻會為我們贏得靈魂的安泰和心靈的淨化。

孟子說過：「君子莫大乎與人為善。」在追求成功的過程中，誰都離不開與別人的合作，尤其是在現代社會，就更應該想方設法獲得周圍人的支持與幫助。那些總是主動幫助別人的人，就是最容易獲得成功的人，因為他們最容易獲得別人的回報。相反，如果你對別人的煩惱和不幸冷眼旁觀，甚至落井下石，那是不可能得到別人的幫助的。

智慧品人生

「贈人玫瑰，手有餘香」只有充滿了愛的世界才會洋溢著陽光。如果我們每個人都能夠隨時隨地奉獻我們的愛心，如果我們都能把自己的快樂毫無保留地傳遞給他人，如果我們都能用一顆真摯善良的心，為全世界的人類祝福和祈禱，那麼，不僅這個世界會因為我們的存在而變得更加美好，我們自己也能擁有一份意想不到的收穫和回報，生活也會因此而變得更加精彩、絢麗和燦爛。

2．執著，不是固執的代名詞

執著追求並從中得到最大快樂的人，才是成功者。——梭羅

有很多人認為，執著就是固執，而實際上，執著並不等同於固執。執著的人是理性的，他們往往注重遠大的目標，並且會為了這個目標不斷地努力和奮鬥，一方面冷靜處事，隨時準備接受別人的正確意見，調整自己的行動方向，另一面又會披荊斬棘勇往直前，不管遇到多大的困難，都堅信自己可以憑藉智慧和毅力，開創出一條平坦的大道來，有一種不達目的誓不甘休的氣勢。

相反，固執的人更像是在賭氣，他們的頭腦一直處於發熱的狀態，喜歡在前進的道路上節外生枝，惹是生非，倚老賣老，自以為是，對於別人的意見，不管對錯他都置若罔聞，其結果必然是在前進的途中夭折。

「執著」兩字說起來很容易，實行起來卻很難，因為它的尺度太難把握，人們很容易就會陷入極端，或因自身的惰性而不夠執著，或因過於執著而變成了固執。

執著與固執最大的不同點在於，執著的人學會了取捨。他們不會苦苦守著一條路，比如這條路實在不能走向成功，那他會很快地換一條路，換一個走法，因為他們知道死守的結果

不僅最後一無所獲，還會把自己撞得頭破血流。

執著，改變人生的良藥

精衛填海，愚公移山，大禹治水，他們的執著令人感動；勾踐臥薪嚐膽，祖逖聞雞起舞，楊時程門立雪，他們的執著令人佩服，他們的名字永遠留在人們的心中。咬定青山不放鬆，百折千磨志不改，不到長城非好漢，這些執著的詩句千百年來激勵著無數有志之士到達成功的彼岸。

執著能夠讓許多聽起來不可思議的事情變成現實，使很多不利條件變為有利條件。現在深受小朋友所喜愛的米奇，這一個可愛形象的創造者名叫華特·迪士尼，是美國最有名的人物之一。可是人們只知道他人前的光輝，卻很少人知道他在成名之前歷經的辛酸與執著。

年輕時的華特·迪士尼曾在美國的坎薩斯城謀生，他的理想是要成為一個藝術家，於是他便到報社去應徵，可是該報社的主編審查過他的作品後，認為他的作品缺乏創新，沒有吸引力，所以沒有錄用他，這讓他覺得十分失望。

後來，他找到了一份為教堂畫畫的工作，可是由於薪水太低，他根本租不起畫室，不得不將父親的車庫作為自己的辦公室。一開始，條件的艱苦讓他一度想要放棄，但想想自己藝術家的夢想，他一次又一次地堅持了下來。

有一次，他在車庫裡工作的時候，看見了一隻小老鼠，他餵給牠一些麵包屑，小老鼠還大膽地跳上他的油畫。日子長了，他和小老鼠成了很好的「朋友」。再後來，他去了好萊塢，投資拍攝製作一部以動物為主角的卡通片，但最終失敗了，並因此成了窮光蛋，再度失業。

在那段窮困潦倒的日子裡，他想到了那隻可愛的小老鼠，於是就在畫板上畫了下來，就這樣，米奇的卡通形象誕生了。有誰能想到一隻小老鼠能啟發他的靈感呢？現在，米奇的卡通形象流傳到了世界各地，此後迪士尼火力全開，為卡通事業做出了突出的貢獻。

正是因為迪士尼對藝術事業的熱愛與執著，才成就了他輝煌的一生，如果當初他因種種的失敗而放棄，那麼也許他永遠都只是一個名不見經傳的畫匠。

一個人擁有了執著的精神，那麼在他的眼裡，平凡的小草也可以葳蕤成無邊的春色，無名的小河可以匯成汪洋大海。因為執著者的心裡總是灑滿金色的陽光，他們的眼裡總是充滿希望。執著，為他們點燃了一盞燈，使他們在無邊的暗夜中依然可以尋覓到路徑；執著，為他們撐起了一把傘，哪怕暴風雨襲來也無法熄滅心中的烈焰。

固執，摧毀信念的毒品

執著，它代表了一種永不放棄的精神，更是一種不服輸的精神，值得每個人學習、尊重。但是，執著一旦過了頭，比如明知不可能還要死死堅持，那就演變成了固執。只不過我們不會輕易地意識到固執的存在，還把這種自以為是地堅持當成了一種執著。

人生畢竟有很多讓人無可奈何的事，不是每個人都會成為安徒生童話中的白馬王子和白雪公主，我們可以做童話般的夢，但我們依舊必須面對現實，對於無法實現的人生理想，該放手的時候一定要放手。因為一旦執著變成固執，便會將整個人生都賠了進去。所以，不要讓固執禁錮了你的腳步，與其把時間都浪費在做無用的功上，不如多做點有意義的事。

有這樣一則寓言故事：在一個小村莊裡，有一次下了一場大雨，這場雨持續了幾天幾夜，洪水開始淹沒小村莊，於是全村的人都開始逃命。此時，一個神父在教堂裡祈禱上帝來救他，眼看洪水就要淹到他的膝蓋了，但他還是不肯走。一個救生員駕著橡皮艇來到了教堂，對神父說：「神父，趕快上來吧！再不走就來不及了，洪水會把你淹死的！」神父說：「不！我相信上帝會來救我的，你不要管我，先去救別人好了。」

一會兒的工夫，洪水已經淹到神父的胸口了，他只好站到祭壇上。這時，又有一個員警開著快艇過來了，對神父說：「神父，趕快上來，不然你真的會被淹死的！」誰知神父還是堅持說：「不，我一定要守住我的教堂，我深信上帝一定會來救我的，你還是先去救別人好了。」

又過了一會兒，可怕的洪水幾乎淹沒了整個教堂，神父只好緊緊地抓住掛在教堂頂端的十字架。此時，一架直升機緩緩地飛了過來，飛行員丟下繩梯對神父大叫道：「神父，快點爬上來，這是最後的機會了，我們可不想看見你被洪水淹死！」可是神父還是意志堅定地說：「不，你還是先去救別人吧，我堅信上帝不會讓我死的，他會來救我的，上帝會與我同在的！」最後，固執的神父被淹死了……。

神父的靈魂飛上了天堂，他見到了上帝，很生氣地問祂：「主啊，我這一生都在忠誠地奉獻自己，戰戰兢兢的侍奉您，為什麼您卻不肯救我？」

上帝說道：「我怎麼會不肯救你?第一次，我派了橡皮艇去救你，可是你不要，我還以為你擔心橡皮艇有危險。第二次，我又派了快艇去救你，但你還是不要，我又以為你看不上快艇。第三次，我給了你總統級的待遇，派了一架直升機去救你，結果你還是不要。所以，我以為你急著要來到我身邊，想要好好陪我呢！」

神父的做法讓人看了以後覺得可笑，又替他覺得可悲。其實，有的時候，是因為我們太過於堅守自己的固執，才會給自己設置了很多障礙，要知道，在別人伸出援手之際，我們自己也要伸出手來，人家才能幫上忙。

固執是一種不良的個性習慣，這種性格的人與人說話常常抬槓，想問題非常偏激且愛鑽牛角尖，不懂得顧及別人的思想情趣和習慣愛好，一味地我行我素。

這種人認定了的事情，你就是用十匹馬都拉不回來，這註定了他們是要碰壁吃苦頭的。可是他們即使碰了壁，也不肯主動承認自己的錯誤，也不知道悔過改進，相反，總是為自己的錯誤找一大堆開脫的理由。

智慧品人生

固守無聲無形的榮譽和利益是固執，堅持與生俱來的權利和義務是執著；固守陳舊不堪的觀念是固執，堅持崇高正直的人格和尊嚴是執著；固守一成不變的結果是固執，堅持樂趣無窮的過程是執著；固守已經失去的感情是固執，堅持肩負的責任是執著；一意孤行，沿著錯誤的方向不撞南牆不回頭的是固執，認準了準確的道路奮勇前進，不達目標不鬆懈的是執著……，有時天堂和地獄僅一步之遙，而執著和固執又何嘗不是如此？

執著的人往往是最後的成功者，因其堅持的品格而成功，而固執則是可悲的失敗者，同樣也是因其堅持的品格而失敗。所以，大事要執著，小事別固執。生活中少一些固執，就會多一點隨和，多一點豐富多彩，多一些執著，就會多一些克服戰勝困難的信念和勇氣，多一些成功的機遇。

捨得是守護愛情的唯一密碼。

生活中，當人們擁有愛情時，生活是最幸福的！每一份感情都很美，每一段歷程也都令人沉醉；當愛情捨人而去時，人們又將怎樣？捨得否？值得乎？這世上多少癡男怨女，在分道揚鑣後，留給對方的並非祝福，而是不能擁有的遺憾。在愛情的得與失的轉換之中，人們可以有何收穫呢？

第七章

情感密碼，捨得是朵解語花

1．用真心換你心

愛情，這不是一顆心去敲打另一顆心，而是兩顆心共同撞擊的火花。

——伊薩可夫斯基

無論是主動的愛情，還是被動的愛情，愛情的難能可貴之處就在於雙方的兩情相悅，但大多數人卻常常被一廂情願所煩惱。其實要得到對方的真心也並非難事，當你喚回他真心的那一天，你會發現：原來只要做到真心愛他，捨得為他做任何事就行了！愛情也許還在你身邊，也許離你還有咫尺，距離的長短就在於你捨不捨得付出真心。為了他的心，你捨得嗎？

吝於付出真心，怎能收到真心

愛情路上註定多有磨難，也許你只是暗戀著他，也許你們感情正有危機，也許你認為情況不會再有好轉而有所懈怠、有所退縮。那麼，在愛情的火焰逐漸熄滅之時，你是否想過自己到底捨得為之付出多少真心呢？你是否真的認為要換得他的真心，只是等待就可以了嗎？

其實吝於為對方付出真心的人，並非是因為他們沒有真心，而是在愛情這條路上，要不求回報、無私大方地付出真心真的很辛苦。然而你是否想過，當你大方地用真心為他努力而讓他感動時，你將會是多麼興奮呢？當你捨得用真心為他付出而看到他臉上燦爛的笑容時，你將會是多麼富有成就感呢？說了這麼多，只想讓每一位在愛情圍牆裡的人知道，要想抓住對方的真心，就請捨得付出、勇敢付出。永遠不要計較對方會為你付出多少，更永遠不要吝於付出你的真心！切記：不捨得為之付出真心，永遠也得不到他的真心！

總之，一個吝於付出的人，一定也不理解什麼是愛。愛，不是被愛也不是等待，愛是捨得把自己交出去，然後才能得到的花朵。

捨得付出，用真心換你心

曾有一篇感人至深的文章，它的內容大致這樣：小霞，女，三十歲，沒長相、沒身材、沒工作，總是一副呆呆笨笨的樣子，卻永遠努力地、不放棄地做著認為值得做的事情。在文中，她曾說過：「對於愛情，我雖然連個菜鳥都不是，但是，我卻對它抱有著無限的幻想和美麗的夢想，我還是很期待那種轟轟烈烈的愛情。如果我的愛情真的來臨了，我也會認認真真地、毫不吝惜真心地談一場戀愛……。」正如她所說的，為了愛她付出了很多很多，然而也正是因為她捨得付出真心才真正贏得了自己的愛情。她愛上了自己的老闆——明浩，他年輕有為、家財不菲、英俊瀟灑，曾經還有一個漂亮且深愛他的初戀女友。這就註定了小霞要走一段崎嶇的愛情之路。為了愛他，小霞默默地付出著，中間也曾受過各種各樣的打擊，但她還是無怨無悔，無論是他的冷言相對，還是別人的惡言相向。她始終堅信：只要捨得付出真心，就一定能換得他的真心。為他送上一塊親手烘烤的蛋糕，為他送去自己親手熬的粥，在他生病時悉心照料……，最後天從人願，在經歷多番挫折後，明浩終於被小霞感動了。當朋友們問起小霞是如何打動他的時候，她說：「只要用真心，只要捨得付出！」

真心是愛情的基石，有了真心才能贏得真正的愛情。但有真心固然是好，也要捨得付出才行。當你為愛情付出很多時，即使你想不愛你的戀人，也是欲罷不能。愛是覆水難收，是可以連生命也一起潑出去的，這就是為什麼有那麼多的人甘願為愛犧牲許多的原因之一。當你的捨得與付出得到收穫時，你會發現自己所做的一切都那麼值得，特別是當得到對方肯定時，你一定很願意為她再付出更多，甚至生命。因此，我們常說愛情的魔力很大，其實正是雙方捨得為對方付出而表現出來的潛力。

生活中，有很多人的感情在流離失所中徘徊，愛對方的心在日復一日失望中麻木而起繭。這時就需要一些可以讓自己感動的東西來撩撥內心柔軟的感情，讓自己的感情活躍起來。那就是找出自己的真心，捨得愛、付出愛、收穫愛。相信生活會因此變得可愛，每件事也都會因此而變得生動起來，她的真心也會如期而至。有時捨得付出真心也是一種幸福，因為那說明你有愛的能力。你從內心捨得了，你也就更多一份坦然，即使沒有得到回報你也不會後悔，至少你爭取過，付出過，愛過。因為，只有捨得付出才會知道自己價值的所在。

人的一生不能沒有愛情，一份美好的愛情，在於讓人學會如何捨得真心，學會如何付出。

智慧品人生

愛情是苗圃中盛開的花朵，需要你捨得用自己的愛心去呵護它、灌溉它，只有這樣才能看到它嬌豔的真心。愛情是一首美妙的詩，需要你捨得去體驗生活，去豐富它、美化它，只有這樣才能看到它感人的真心。愛情是一幅多彩的畫，需要你捨得自己的精力，去構思它、描繪它，只有這樣才能看到它亮麗的真心。每個人在愛的旅程上，註定要體會一些快樂與磨難。只有捨得付出真心了，才能看到她對你的真心。為愛學著捨得付出真心吧！

2・婚姻是愛情的「天堂」

哪裡有沒有愛情的婚姻，哪裡就有不結婚的愛情。——富蘭克林

也許每一種事物的存在都有其合理存在的理由與根源，所以「婚姻是愛情的墳墓」得到一定程度的公認，甚至成為我們茶餘飯後安慰自己的甜點。然而，如果婚姻是墳墓，怎麼還會有那麼多男男女女眉開眼笑地走上紅地毯，接受愛情的饋贈，享受婚姻之旅呢？其實，婚姻可以是愛情的墳墓，但它也可以成為愛情的天堂。問題在於如何捨得用寬容去諒解對方，在婚姻遇困的時候，別計較什麼個人得失，別怨恨什麼不平。換一個話題去談話，別拉著一個話題不放；換一個角度去思考，對別人多幾分理解和寬容。這樣做，你的心情就會永遠沐浴在陽光之中。

捨得寬容，婚姻不再是「墳墓」

小芳有了外遇，提出和丈夫離婚。丈夫剛開始不同意，但是小芳整天吵吵鬧鬧，無奈之下丈夫只好答應她與她離婚。不過他卻提出了一個要求，在簽字之前見見小芳的男友，現在的男友是小芳的驕傲，所以她就毫不猶豫的答應了。第二天，小芳就領回一個高大英俊的中

年男人。小芳心裡一直在打鼓，害怕丈夫見到他之後會忍不住發火甚至報復他。但是丈夫卻是很紳士地和他握手，然後說要和他單獨談談，小芳遵從了丈夫的建議。站在門外，小芳心裡又開始七上八下了，生怕兩個男人在屋裡打起來。不過事實證明她的擔心完全是多餘的，幾分鐘後，兩個男人相安無事地走了出來。

送男朋友回家的時候，小芳迫不及待地問他：「我丈夫都和你說了些什麼啊？是不是說了我很多缺點啊？」話音剛落，男朋友就停下了腳步，有些惋惜地搖搖頭說：「你太不瞭解你丈夫了，就像我不瞭解你一樣！」

小芳一頭霧水，連忙解釋：「誰說我不瞭解他啊，他木訥，沒有情調，跟家庭保姆一樣，一點都不像個男人。」

男朋友語氣有點生硬地說：「你如果真的瞭解他的話，就應該知道他和我說什麼了。」

小芳越來越想知道丈夫說了什麼：「他到底說了什麼啊？」

「他說我們結婚後，叫我凡事都依你，因為你心臟不好，易暴易怒；還說你腸胃不好，但又愛吃辣椒，囑咐我今後勸你少吃一點；讓我晚上給你定好鬧鐘，以免第二天上班遲到。」

聽完這些話，小芳慢慢低下了頭，男友走上前，撫摸著她的頭髮，語重心長地說：「你丈夫是個好男人，他比我心胸開闊。回去吧，他才是真正值得你託付一生的人，相信世上沒有比他更懂得怎麼愛你的人了。」說完，男友轉身毅然離去。

經過這次事件之後，小芳再也沒有提過離婚，因為她深深地明白，只有與丈夫的婚姻才是最好的天堂，因為沒有人比他更捨得寬容。

生活中，我們總能從夫妻雙方聽到對彼此的抱怨，怪對方不關心自己，怪對方不夠體貼不夠溫柔……，是啊！曾經愛得那麼真切，愛得那麼義無反顧，對方的缺點在自己看來也是那麼神聖，恨不得時時刻刻陪在彼此的身邊，眼裡除了對方，再也裝不下別人。可是，相愛容易相處難，一旦走進婚姻殿堂，真正生活在一起，各種戀愛時沒有意識到的缺點都會不可阻擋地表現出來，然後諸多的矛盾便會接踵而至，有時候因為一點雞毛蒜皮的小事都會爭得面紅耳赤，之前對方的所有優點都會變成一把利刃，深深地刺傷對方。事實正是如此，在這個世上，沒有十全十美的人，也沒有十全十美的婚姻，因為婚姻是兩個人的相互結合，然後共同面對更複雜的生活。沒有絲毫矛盾的婚姻是不存在的，但如果捨得寬容，則會是另一幅幸福的畫面。明明深愛著對方，又為什麼彼此傷害？芸芸眾生能走到一起又何嘗不是幾輩子修來的緣分呢？如果雙方都捨得寬容，珍惜自己最愛的人，婚姻又怎能不會成為愛情的天堂呢？

懂得知足，婚姻是愛情的「天堂」

早晨八點左右，琪琪還蹲在廚房裡擦地時，老公阿勇已經收拾好準備去公司了。一看他走到門口，琪琪憤憤地說：「壞老公，你可真舒服啊，都拍拍屁股要出門了，你老婆我還在做苦力呢！」看見妻子善意的抱怨，阿勇連忙走過去笑顏逐開地說：「老婆，你說誰讓我三生有幸，娶了像你這麼好的老婆呢！」琪琪聽後自然是心裡甜滋滋的，擦起地來更有勁兒了。琪琪在想，婚姻裡的女人真的很容易滿足，幾句甜言蜜語，一個體貼的擁抱，有個只有彼此可意會的傳情眼神，就很幸福、很愜意了。同時她也深知阿勇也是很容易知足的人，一頓美味的飯菜、一次傾心的交談、一個發自內心的微笑、一句關切的問候……，都能讓他滿足。在深夜寫稿的阿勇不願因起身而打斷思路，他說：「老婆，給我沖杯咖啡吧，不然我快睡著了。」當琪琪端著充滿濃香熱氣騰騰的咖啡來到他面前時，阿勇被感動了。而每次琪琪在廚房裡忙碌時，阿勇都會跑過來幫琪琪剝洋蔥，冷不防地再塞給琪琪一個蜜棗，即使剝蔥會弄一地碎屑，吃棗子點點水滴會滴落到地上，琪琪還是很滿足。十幾年如一日，琪琪和阿勇相依相偎一起執手走過的平淡的歲月，琪琪明白：婚姻中的男女，無論你對愛情與婚姻充滿期待還是心無波瀾，無論你地位顯赫抑或身分低微，你都要知足，知足這份獨一無二的緣分，知足夫妻間的體貼叮嚀，噓寒問暖，知足愛人於細微處的感動與真情……。

智慧品人生

「婚姻是天堂」，天堂裡總有陽光。事實上，世上千千萬萬幸福的家庭幾乎每天都在向人們詮釋一個人生的真諦：婚姻是愛情結下的甜美果實，愛情因婚姻而成熟，因婚姻而昇華到一個更高的境界。的確，當你感覺身體不適或精神疲憊之時，當你因工作勞累或心情鬱悶之時，最先想到的肯定是希望有人會在溫暖安全的家裡給你倒好一杯熱茶，有人會對你噓寒問暖，而你則可以好好地休息放鬆。所以，當你捨得寬容、懂得滿足時，你就會更深切地體會到婚姻的幸福。

3．學會捨得，失戀也美好

棄我去者，昨日之日不可留。——李白

愛情道路上，若他先棄你而去，不必傷感，因為只要你捨得放手，就能讓自己找到更好的幸福。因為，擁有的時候，我們也許正在失去；放棄的時候，我們或許正重新獲得……。明白的人捨得放棄，真情的人捨得犧牲，幸福的人捨得超越！面對棄我者，勇敢地放手吧！大方地忘記吧！

捨不得放棄，痛苦驅之不散

愛情中的雙方，如果一個人把失戀看成世界末日的話，是最愚蠢的表現；如果一方因對方的拒絕而一蹶不振的話，是最不理智的行為。相反，當對方棄你而去時，若你捨得放棄，不可收拾的感情就會因此而美麗，因此而灑脫！既然走了就讓他走吧！想再多做什麼也是徒勞的，沒有了他我們還是一樣要生活，相信時間會沖淡一切。因此，要愛就要先學會捨得，捨得放棄。

毛先生上星期失戀了，他心裡比誰都明白對方已經不再愛自己了。於是，他就對好朋友說：「算了吧！隨她去吧！我什麼都想開了。」看起來他真有足夠的勇氣和智慧揮利劍來斬斷情絲，這令他的朋友們佩服不已。可是令人意外的是，過了一星期，朋友發現他又糊塗了起來，毛先生一改上次堅決的口吻：「我真想不明白，一點都想不通。她怎麼就會不愛我了呢？為什麼會對我冷淡呢？想當初，她對我真的是很好、很關心、很親熱的。每次邀請她出去玩，給她買東西，她都統統接受。可是，後來她為什麼冷淡了呢？……一定是有人教唆她，使她上了別人的當，或是有人講我的壞話……。」朋友聽得目瞪口呆，不知該說什麼才好，而毛先生又開始說：「我決定了，還是給她發一篇簡訊比較好。問問到底是怎麼回事！即使她已經好久都不回覆了。可是，也許是她根本就沒有收到呢？又或許是別有用心之人把訊息隱藏起來了呢？……」很明顯，他正企圖用萬花筒般多彩的謊言來騙自己。第三個星期，他開始詛咒謾罵她的忘恩負義。而第四個星期，他又拿女友寫給他的最後一則簡訊給朋友看，還不停地說：「你看看，她說配不上我，什麼意思？她為什麼要這麼客氣呢……」於是，他就這樣反反覆覆在自己編織的痛苦絲網中難以自拔，以往的鬥志好像也丟失了，整個人看起來頹廢滄桑……。朋友無奈，搖搖頭：這又是何苦呢？

這可以說是一幕失戀的人的最好的寫照。對於破碎的感情捨不得放棄的人，往往會失去更珍貴的東西。縱然這是一件讓人痛心的事情，也不容易被輕易忘掉，但事實上，忘掉它是唯一理智的解決方法。否則，無盡的痛苦和憤怒的折磨只會驅之不散。所以有這樣一句話：苦苦地挽留心已離開的人是傻子，苦苦回憶以往幸福時光的人是愚人，苦苦地感傷命運的是蠢人。

如果能捨得放棄一段無望的感情，也許緊隨其後的便是自己真正的幸福。捨得放手吧！不要讓愛成為沉重的腳鐐，讓愛情在自由的空間箭步如飛吧！何必折磨自己呢？讓剩下的一點點美好回憶轉化為深深的仇恨，又有什麼意義呢？

昨日感情，要捨得忘記

愛，是一種經歷，經歷得多了，就會更加懂得愛。一段感情結束時，如果真的愛過的話，傷心痛苦是必然的。分手後，你為他哭，為他傷心，心痛到無法入睡……，但假如回不去了，將永遠地失去了，就只能讓自己捨得忘記對方。因為你的那些痛苦他永遠都看不到，因為他已離你而去。只有學會忘記，捨得忘記能讓自己重新快樂！

阿詹風華正茂，大學剛畢業兩年，工作出色，唯一缺少的就是一份溫馨的愛情。阿詹很希望自己擁有一個溫柔善良、關心自己的伴侶。天從人願，在一次聚會上，他認識了裘莉。兩個人談得非常投機，彼此都有一種相見恨晚的感覺。阿詹趁熱打鐵，全面進攻，只用了兩個星期的功夫就把裘莉追到手了。兩個人相親相愛，令周圍的人全都羨慕不已。每次過節都相互送禮物。一年後，兩個人很自然地住在了一起，過日子的小倆口更加甜蜜了。那時的生活，對於阿詹來說真可謂是最美的享受。兩個人也都見過對方的家長，還一致決定下一年買好房之後就結婚。然而，計畫趕不上變化，阿詹某次出差了兩個月的時間，回來之後裘莉坦誠地告訴他，自己已經愛上了另外一個人。剛開始阿詹真的無法接受，想不通兩年的感情怎麼說沒就沒了呢？她又怎麼會這麼輕易地就會愛上別人呢……，經過深思熟慮後，阿詹還是灑脫地放手了，並對裘莉說：「只要你能幸福就好！」他認為愛情可遇不可求，有緣則聚、無緣則散。於是，在沒有了愛情之後，他依舊很快樂，並努力充實自己，培養多種興趣，不斷參加集體活動，在活動中盡量展示自己。因為他始終堅信，待時機成熟，緣分來了，也許會有其他人悄悄地靠近你，也許是你輕輕地靠近別人。只要捨得忘記過去，下一站幸福就在不遠處。事實也正是如此，經得起一次情感歷練的人會是快樂的，捨得忘記曾經幸福的人是幸運的，也許只有這樣才能對這世間之愛大徹大悟。

明明知道，你們的愛情已經是一去不復返了，卻還要讓自己的情感拖泥帶水。依舊傻傻地一個人坐在窗前回憶快樂的日子，一個人聽著音樂想起曾經的美好，一個人坐著公車重溫以前的甜蜜，一個人吃著霜淇淋讓昨日的畫面一一浮現……，就這樣，自己讓無奈、傷感和痛苦而做繭自縛，究其原因只因不捨得忘記。不捨得忘記驚天地泣鬼神的誓言，不捨得忘記耳鬢廝磨的纏綿溫存，不捨得忘記夢牽魂繞的音容笑貌。但是，愛情只是生活的一部分，沒了愛情還有許多重要的事值得我們去做。愛情是有生命的，當這一段感情經歷了生老病死，該結束時就讓它結束吧！

智慧品人生

愛不能成為牽絆，所以要捨得放手，從容地讓對方走出彼此的世界。當對方不再愛你的時候，請不要失去自己的自信。因為愛一個人，並非因為對方的美麗，而是一種感覺。對方讓你有這樣的感覺，於是你愛對方。同樣，對方不愛你，棄你而去。那麼，你就要捨得放棄、捨得忘記，不再愛對方。然後看看那麼多愛自己的人，淡淡地微笑一下，也還是會感覺到異樣甜美的。

4．真愛不以捨與得為準

只要男女真心相愛，即使終了不成眷屬，也還是甜蜜的。——丁尼生

一位詩人旅遊時看到一束很美麗的鮮花，於是把它帶了回去。然而花的生長並不像他想的那樣，無論他怎樣模擬鮮花以前的生長環境，那束鮮花都不再散發出當時的那種光彩。慢慢地，那束鮮花一點點地凋零了，詩人只好依依不捨地將它送回了原來生長的地方。在以後的日子裡，詩人只要一有時間就會去那個地方。他知道，鮮花只有在那個地方，才會散發出它獨有的芬芳，無論花費多大的心思去營造出相同的環境，也始終只有那個唯一的地方，鮮花才能嗅到它原本喜歡的味道。詩人本可以獨自擁有這束鮮花，哪怕是枯萎的，然而他卻明白，這個擁有並不會給他帶來幸福。現在鮮花不再為他所有，他卻心滿意足。原來，放棄，並不意謂著絕對的失去；擁有，並不代表永恆的幸福。

真愛並非得到就幸福

幸福的源泉是真愛，只要有一方沒有真愛，幸福就會失去原有的意義。

真愛並不是得到了就會幸福，有此感受的人在生活中比比皆是。四年的大學生活對於阿健並不是充滿激情與刻骨銘心的，因為他苦苦暗戀了小雅四年，而小雅卻一直把他當做是避難所，和男朋友吵架就跑來向他訴說委屈。阿健從來都是認真傾聽、呵護、安慰，但未曾說出他對她的感情，於是，在痛苦和無奈中度過了四年。畢業後，阿健和小雅戲劇般地應聘上了同一家公司，作為好朋友和同事，阿健更是無微不至地關心她。看到她累了就送去一杯咖啡，知道她貪睡而不吃早餐就常常為她準備好麵包牛奶，感覺到她因工作而有壓力就給她講笑話解壓……，終於有一天，小雅跑來哭著對他說：「我們分手了，他不愛我了。」阿健真心地把她擁在懷裡說：「不要難過，有我在。我不會讓你受委屈的。」也許是因為極需安慰，也許是被這麼多年的關心而感動，小雅接受了阿健。往後的日子裡，阿健使出渾身解數讓小雅快樂，用盡所有力量想讓她幸福。然而，小雅心裡更多的卻是矛盾和自責，因為她弄不清自己對阿健到底有沒有感情，所以只能裝作很高興，一到夜晚就獨自哭泣。阿健敏感的心其實早有察覺，但他以為是分手的傷還沒好，只要自己肯努力，就一定能夠得到她的真愛。情人節是阿健期盼已久的一天，那天他早早就訂了一大束玫瑰，還在鞋店買了雙小雅喜歡的鞋。小雅收到鮮花和禮物時，忍不住淚如雨下，這讓阿健有些不知所措。小雅看著阿健說：「對不起，我知道你對我是真心的，但是和你在一起後我並不幸福，整日整夜地在心裡內疚，因為當初我只是因為感動和需要安慰才接受你的，我對你真的沒有愛。」阿健聽到後則像是早有預料般，顯得非常平靜。這段時間他也深深明白：雖然得到了，但並不是真愛。即使對自己的真愛不可懷疑，結果還是讓兩個人都痛苦！而真愛並不需要驚天動地，也不需要鮮花浪漫，只要沒有傷害，沒有負擔就好。

擁有真愛是幸福的，幸福是一種感覺，一種甜甜的味道，讓人心情舒暢，陶醉其中。然而，握在手裡的愛，並不一定就是真正擁有的，也並不一定就是幸福的；你所擁有的，也不一定就是你真正銘刻在心的。所以，當你覺得真愛來臨時，首先要捫心自問：「這到底是幸福的開始還是痛苦的開始呢？」

懂得真愛，就要捨得

一位老人回憶年輕時的一次劫難：男孩在女孩即將滑落山崖之際抓住了她的腳，在孤立無援可能同時墜落山崖的情況下，男孩沒有聽從女孩要他放手的哀求，始終堅持緊緊握住，終於等來了救援，兩人也獲得了一生的幸福。多年以後老人說了一句話：「那時，我手裡唯一握住的是愛情，如果鬆了手，我的生命因為愛情的消失也就沒有什麼意義了。」這位老人，正是敢於捨棄生命，最終贏得了一生的愛情伴侶，獲得了珍貴的幸福。「真愛是捨得」，捨得自己的一部分東西，從而讓別人得到更多的滿足，於己是放棄一些得到另一些，如果兩人都很滿足，那這就是幸福。

快當新娘子的蘇莉，一臉的幸福讓周圍的朋友羨慕不已。在和準老公逛街時，她盡情地選購著，好像是在把握所剩無幾的購物時光一樣。逛到一家禮服專賣店的時候，有一件磚紅色的晚禮服吸引了她的眼光，其設計很獨特，質料上等，穿出來氣質突顯，讓蘇莉愛不釋手。但是看著那價格不菲的標籤時，她猶豫了，雖然很喜歡但還是不捨得買。深愛蘇莉的準老公默默看在心裡，二話不說就把禮服給買了下來。蘇莉如獲珍寶似的抱著禮服，回家的路上還一直不停說老公的好話。回到家後，爸爸媽媽卻說不好看，與她的膚色很不相配，而且還貴得要命，物無所值。於是，蘇莉就把矛頭指向了老公，說他沒有一點眼光。但老公滿臉笑容地說：「其實，從一開始我就看出這禮服不配你，但是看到你流連忘返、愛不釋手的樣子，我怎麼能忍心不買呢？如果我不買，你肯定會怨我不捨得為你花錢，不是真的愛你。一旦你心裡不高興，我再解釋也都是徒勞，因為這些而影響到我們的感情就得不償失了。你的幸福和快樂遠遠比錢重要得多，因為真的愛你，所以我寧願花些冤枉錢也不願意你心情不愉快。」蘇莉聽了，真的很感動，於是第二天她就把禮服退了。蘇莉的丈夫能有這番感悟實在是難能可貴，這其中「捨得」兩字非常重要，想要真愛就必須捨得付出！他付出的不僅僅是金錢，更讓人在乎的是他那一顆愛蘇莉的心。他的捨得讓自己得到了今生最大的幸福，這是一種無悔的超然，是一種為愛守護的最真情懷。

想在愛情裡得到幸福，就要捨得傷心、捨得金錢、捨得精力……，聰明的人在真愛面前，永遠不會小氣吝嗇，因為幸福總是在捨得之後。

懂得真愛的人，捨得不拿現在的愛人和昔日的相比；懂得真愛的人，捨得用心感受那一份真實的愛；懂得真愛的人，捨得把那份曾經忘卻的愛收藏在接觸不到的角落裡；懂得真愛的人，捨得用心經營現在的愛情；懂得真愛的人，總會發現在捨得中也不乏浪漫。

智慧品人生

失去是一種痛苦，也是一種幸福。失去與得到，本來就是生活中最平常不過的東西，又何必斤斤計較！人人都渴望完美的愛情，不想有一絲的瑕疵，但卻忘了要想得到別人的真愛，首先要付出自己的愛，正所謂「付出才有回報」，有捨才有得。不過，並非只要捨了就必能得到，如若一味追求「捨」後的「得」，就會走進誤區，痛苦萬分。這時候，你要放棄有「捨」必求「得」的功利心，堅信捨而不得是暫時的，只要你願意「捨」，而你終究會有所「得」。

5．有一種愛，叫做放手

愛情不是強扭的，幸福不是天賜的。——諺語

有的東西你再喜歡也不會屬於你，有的東西你再留戀也註定要放棄。人的一生也許會經歷許多種愛，但千萬別讓愛成為一種傷害。生活中到處都存在著緣分，緣聚緣散好像都是命中註定的事情，有些緣分一開始就註定要失去，有些緣分永遠都不會有好結果。

得不到時，放手會更輕鬆

很多人在迫不得已放手後，總是鬱鬱寡歡，會莫名地為了一首歌、一部戲，或是一句話而淚流滿面，總覺得天是黑的，雲是灰的，甚至失去了生活的激情，是一種無奈的絕望和痛徹心脾。其實，「放手」並不像很多人想像的那樣痛苦，相反，你很可能在退一步之後感受到前所未有的輕鬆。你只是失去了一個不喜歡你的人，你只是回到了認識他以前的日子，只有放手，你才會有機會在將來收穫一份真正的愛情。你可以回頭想想：當擁有他時，你是否曾感到自我空間被嚴重束縛，壓得喘不過來氣，不能做自己想做的和應該做的事情？

是不是也曾感到很累，覺得為愛改變得太多，甚至喪失了原先的自我呢？終於，有這麼一個機會讓你回到以前，那就好好休息一下吧，重新體驗一下單身的自由生活，又何嘗不是一種收穫？

陽和雨是在工作時認識的，雨很文靜，這正是陽喜歡的。她平時很少說話，每次都是陽有事沒事去找她說話，時間久了自然成了好朋友。陽見不到她就會感覺心裡空空的，見到她就會特別高興，所以每天都盼著上班，工作自然有勁。但好景不長，雨因病辭掉了工作，之後他們見面的機會少了很多。陽知道這對雨來說沒什麼，但對自己來說就是煎熬。沒有雨的日子，陽感覺做什麼都沒有意義，這才意識到自己真的愛上了她。但是陽不敢向她表白，因為她是自己的初戀，害怕說出來後會被拒絕。最後，想要賭一把的陽鼓起了勇氣向她表白了，雨好像很驚訝，說讓她考慮考慮，當時陽以為是有希望的。誰知兩天後，雨告訴陽說我們不合適。但是陽並沒有死心，第二天又去找雨，希望能有奇蹟出現。陽又問了雨：「難道真的一點機會都不能給我嗎？」但她的回答依然是那麼堅決。離開雨後，陽忽然感覺輕鬆了許多，本以為自己會發洩一通，卻發洩不出來……他不知道自己為什麼會這麼平靜。難道真的沒愛過她嗎？當初為了她甚至可以拋棄一切，但在被她拒絕以後陽並沒有自己想像得那麼難過……，最後，陽還是明白了人們常說的，愛她，只要她幸福就可以了。得不到時放手更輕鬆。

人們常說：在對的時候遇見對的人，是一種幸福；在對的時候遇見錯的人，是一種遺憾；在錯的時候遇見對的人，是一種傷心，在錯的時候遇見錯的人，是一種嘆息。所以，給不了就轉身，得不到就放手吧！

放手後會更幸福

小時候，男孩和鄰居家的小朋友一起玩，後來小朋友要搶小男孩的玩具，小男孩緊緊抓住不放，鄰居家的小朋友狠狠地打了小男孩一拳。疼痛難忍的小男孩不得不放手，然後小朋友說了一句「看吧，要你放手還不簡單」。也就是因為這句話，從此，小男孩在心裡下定決心以後不管遇到什麼情況一定不會輕易放手。長大後男孩和一個女孩相戀了，他們在一起生活得很開心。但有一天女孩提出了分手，她要離開他們的小屋，男孩抓著女孩的手不讓她離開，掙扎中女孩狠狠地咬了他一下，男孩因疼痛而鬆了手。在雙方拉扯中男孩無意從女孩衣服上拉下了一樣東西，於是在以後的日子裡，男孩子抓東西的這隻手就從來沒有鬆開過，直到另一位女孩的出現。這個女孩知道男孩的過去後很同情他，於是她接近男孩並開導他。後來女孩無可救藥地愛上了這個男孩，而男孩也明白，只是他放不下以前的感情。無奈之下她把男孩約到了大海邊，拿出一條項鍊，男孩知道那是女孩母親去世前留給女孩的，對她來說是很重要的。男孩不明白女孩接下來要幹什麼，只見女孩把項鍊抓在手裡看著大海喊著男孩的名字：「我想和你永遠在一起，我願意用我最重要的東西來換。」說完不捨地看了看手中的項鍊最後一眼，便毫不猶豫地把項鍊扔向了大海。男孩說：「這樣值得嗎？」女孩只說了句：「放手其實很簡單。」男孩愣了愣沒有說話，好久，男孩哭了，哭得好傷心。他舉起那隻一直緊握的手，慢慢地打開了手心，裡面是一枚變了形的胸針，這是男孩送給他女朋友的第一個禮物，也是女朋友最喜歡的東西。男孩就這麼痴痴地看著手中那枚胸針，好久，男孩抬頭挺胸地站了起來，對著大海說道：「我會忘記你的，我會過得很好！」說完用盡全身力氣把手中的胸針扔向大海。不久男孩和女孩走進婚姻的殿堂，接受了所有人的祝福，幸福地生活在一起。放手其實真的很簡單。

人們總是容易沉溺於往事的追憶中而無法自拔，皆是源於對過去喪失的事物的迷戀。但是愛走了，就要捨得放手，這也是對自己的寬容。煙火不可能永遠掛在天際，只要曾經燦爛過，又何必執著於沒有花火的日子？

愛原是生命裡奏出的一曲美妙動聽的音樂，當音樂奏響時，你可以聆聽它、感受它、體驗它、珍惜它並啟動它。但不要一味地陷入對逝去的往事的遐想中，記憶會在無形中誇大過往事物的美好，於是所失去的便愈加完美了。但是細細體味寂寞後的瀟灑，想想除了他以外的快樂，想想再也不用為了猜測他的心思而絞盡腦汁，會不會輕舒一口氣，感覺輕鬆一點呢?倘若真的瞭解愛情的含義，就會明白一直抓著不放的事物其實也不過如此罷了，眼前所擁有的才更珍貴……。

智慧品人生

愛情是漫漫人生路上一道永遠美麗的風景，我們總是希望兩人的愛沒有界限，感情能永遠完美。可是，往往在兩人情到深處時，愛情卻不知哪兒出了毛病。如果你的愛情有了暗礁，如果你們完全沒有了感情，那麼無法挽回的情況下，放手也是幸福的。學會放棄，善待自己，為了讓自己以後的路走得更好，同時也給雙方重新開始的機會！相遇是一種緣，相識、相戀更是一種緣，緣起而聚，緣盡而散，放手才是幸福的起點！

取捨之間顯出理財大智慧。

聰明的人重視家庭，他們多是大方地把財富的重要性擺在第三位，在面對理財的時候總是表現出超常的豁達，不但生活滋潤，財富也越來越多。相反，若是只知把財富死死握在手裡、不肯鬆開，時間久了，人的思想就成了畸形；若是只知花用，不知儲蓄，也是畸形。錢，是流通的，只有流轉起來，才能實現它的價值。

第八章

智慧理財，捨得之間成大家

1.不做金錢的奴隸

如果金錢成了你的崇拜物，那麼它就會像魔鬼一樣折磨你。——英國小說家菲爾丁

金錢對於每個人來說都有著不可抵擋的魅力，它是物質財富的「身分證」。人生活在世上，必然離不開金錢。錢對推動人類進步與發展起著不可替代的作用，在人類文明史上有著重要的地位，它是滿足人們物質和文化生活所不可缺少的元素。「一分錢難倒英雄漢」，古典故事中秦瓊賣馬、楊志賣刀等等都是因缺錢而使他們捨棄心愛之物。經過了千百年的發展，到了現在的商品經濟時代，錢變得更加寶貴了。於是，社會上就有了「有啥別有病，沒啥別沒錢」的至理名言，由此看來，一切行為都在向「錢」發展。

可悲的是，人類創造了金錢，到最後有些人反而容易被金錢所奴役。卡內基曾說過：「人類百分之七十的煩惱都跟金錢有關，而人們在處理與金錢的關係時，卻往往意外地盲目。」所以，我們要讓金錢成為我們忠心耿耿的僕人，而不是讓它成為我們專橫跋扈的主人。不幸的是，現實中有很多人都讓錢主宰了他們的生活。那些處心積慮、想方設法讓自己獲得更佳經濟地位的人，在追求金錢的同時也讓自己被別人控制、羞辱並自甘墮落，甚至更多人為了金錢而賠上自己的一生幸福和身體健康。這樣的人無疑是金錢的奴隸，他們忘記了或者

從來沒有明白過金錢的地位：錢是工具，人是主人，金錢只能被用來改善我們的生存狀態，我們要成為金錢的主人。

豁達處世，拒絕貪婪

一個歐洲觀光團到了一個叫亞米尼亞的部落參觀。在這個部落裡有一個老者專門做草編藝術品，而且非常精緻。這些藝術品吸引了一位法國商人，他想，要是將這些草編藝術品運到法國，巴黎的女人肯定喜歡！想到這裡，商人問這位老者：「這些草編一件多少錢？」

「十比索。」老人回答。

「天哪，這個價錢太便宜了。」商人欣喜若狂，在心裡打起了小算盤，他想如果他要的很多的話，價錢就可以再低一點，那麼就可以賺到更多的錢了。於是商人問：「假如我買十萬個一模一樣的草帽和十萬個一模一樣的草籃，那麼多少錢一件呢？」

然而老人的回答卻讓他目瞪口呆，「如果是這樣的話，就得一件二十比索！」

商人幾乎不能相信自己的耳朵，他大喊著問：「什麼，這是為什麼？」

老人生氣地說：「為什麼？做十萬件一模一樣的草帽和十萬件一模一樣的草籃，我就做不了其他任何事情，它會讓我乏味死的！」

老人出乎意料的回答值得我們每個人深思。如果換個人站在老人的位置，相信很多人一定會為自己接到這樣大的訂單而滿心歡喜，即使這會讓自己忙得天昏地暗也在所不辭。

當一個人面臨金錢考驗的時候，他的個性會明顯地反映出來——是貪婪還是豁達，錢是一種很好的衡量工具。在燈紅酒綠的今日都會，似乎人人都以擁有金錢、名利、地位而感到驕傲，無不視其為「上帝賜予臣民最神聖的資產」。有些人在財富面前失去了正確的心態，有的利用手中的權力攫取財富；有的不顧一切搶劫財富；有的坑矇拐騙，發不義之財。為數不多的不把財富放在心上的人，也被金錢魔鬼般的光彩剝奪了純真的情感，變得不相信感情了。太多的人被金錢所奴役，唯令是從，實在是人類的悲哀。

當然，金錢並永遠萬惡的。在經濟社會裡，財富對每一個人都會產生誘惑力，正是這種誘惑才使得人們去努力奮鬥，去創造財富。對財富、金錢的不懈追求並沒有什麼過錯，只是一個真正懂得生活的人，他會明白，生命裡不是只有賺錢這一件事，還有很多更重要的事情；如果賺錢本身將生活填得滿滿的，容不下其他，那麼即使有再多的錢，好日子也不會來。生活中最大的樂趣就是要享受其存在的價值，一意孤行地追求和獵取金錢名利，只會讓自己沉淪在單調的世界中。真正具備生活智慧的人不是苦行僧，他們也會追逐財富和享受，只是他們不會做金錢的奴隸。

泰戈爾說，鳥翼繫上了黃金，這鳥便不能在天空飛翔了。只有善於掙脫金錢這個沉重的枷鎖，才能獲得生活的快樂。

做金錢的主人

那麼，怎樣做才能真正成為金錢的主人呢？佛經裡把人類分成三種：第一種是盲人。這種人不知如何使自己擁有的財富增長，不知如何獲得新的財富，他們也無法區分道德上的好壞。第二種是獨眼人，他只有一隻金錢眼，而無道德之慧眼。這種人只知道如何使自己擁有的財富增長和創造新財富，但不知道如何培養好的道德品質。第三種是雙眼者，他既有金錢眼，又有道德之慧眼。他既能正確地對待金錢，又有良好的道德品質。

此外，要想掌握金錢還必須學會管理金錢。這種才能並非與生俱來的，需要我們後天學習和積累。金融學家博迪和莫頓認為，學習金融理財至少有以下五個理由：一、管理個人資源；二、處理商務世界的問題；三、尋求令人感興趣和回報豐厚的職業；四、以普通公民的身分做出有根據的公共選擇；五、擴展你的思路。如果你對理財一無所知，金錢遲早會和你分道揚鑣。

英國哲學家培根說：金錢是很好的僕人，但在某些場合也會變成惡主人。有一個關於金錢的解釋很有哲理：錢的一半是金，一半是兩把高懸的利刃。這是我們的祖先在造字賦義時，就將它的真諦既明顯又含蓄地告訴了世人：用得好，它是寶貴的「金」；用得不好，兩把橫刃的「戈」就會隨時向你砍來。這體現出人的地位永遠在金錢之上。為錢而墮落的，就不是一個正直的人了。因此，金錢的命運，完全取決於支配它的人的行為。做金錢的主人還是做金錢的奴隸？我們每個人都必須認真地思考。

2．鐵公雞千萬不可一毛不拔

金錢是生著羽翼的東西，有時它會自行飛去，有時必須將它放出去，才能帶更多回來。

——培根

弗．培根說：金錢好比肥料，如不散入田中，本身並無用處。只有善於和別人分享，財富才能實現最大的價值。

有錢不用等於沒錢

有位信徒十分苦惱，於是就去找默仙大師尋求開解。他對默仙大師說：「我的妻子貪婪而且吝嗇，對於做好事情行善，連一點兒錢財也不捨得，您能慈悲地到我家裡去，給我太太開導，讓她行些善事嗎？」

默仙大師聽完後，答應了年輕人的請求。

當天，默仙大師就到了那個信徒家裡。信徒妻子聽說後，馬上出來迎接，但是卻連一杯熱茶都不捨得讓大師喝。

於是，默仙大師把手握成拳，微笑著對年輕人的妻子說：「夫人你看，如果我的手天天都是這樣，你覺得怎麼樣？」信徒的夫人說：「如果手天天這個樣子，這是有毛病，畸形的啊！」

默仙大師聽了就把手伸開了，展成了一個手掌，接著問：「如果我的手天天這樣呢？」

「這同樣也是畸形啊！」信徒的妻子說。

大師聽了馬上開導她說：「不錯，這兩種形態都是畸形。就像錢財一樣，如果只知道貪取，不知道布施，是畸形。錢只知道花用，不知道儲蓄，也是畸形。錢要流通，要能進能出，要量入為出啊！」

握著拳頭暗示過於吝嗇，張開手掌則暗示過於慷慨。這位夫人在默仙大師的巧妙比喻之下，對做人處世和用財之道了然於心了！

古今中外，關於守財奴、吝嗇鬼的形象舉不勝舉，法國作家拉封丹就寫過以其為嘲諷對象的「守財奴與猴子」的故事。有一個愛財如命的人，滿腦子只有金幣和銀元，他自己儲存了巨額的財產。為了保護他的財產安全，他就遷居到了一個小島上獨自居住。然而，即使這樣他還是不放心，於是讓海神充當防盜保鏢，他自己則每天做堆錢遊戲，清點、計算、把玩。但他的帳目總是有缺口，原來他養的大馬猴喜歡向窗外扔錢，猴子喜歡惡作劇，把這些錢當水漂扔到海裡。作者嘲諷地說：「上帝有意保護大富翁，把財寶保存在大海中，誰讓他有錢不會用。」

是的，再珍貴的東西，不使用也就沒有任何價值了。金錢也是如此，不流通的金錢如同一堆廢鐵，只能等著發霉生鏽。人們追求錢財的最終目的還是為了幸福地生活，如果將自己置於吝嗇的境地，不捨得花錢去享受生活，那麼有錢和沒錢又有什麼區別呢？俗話說：只有會花錢的人才會賺錢，只有捨得付出才有回報。金錢是流動的，如果你堅持認為錢財只能聚集不能消耗，你就像是在和春去秋來的這些大自然規律唱反調一樣。死守著財富有什麼用呢？一旦死神來臨，守了一輩子的財產不能帶走一分，錢財同生命比起來一文不值，家財萬貫也買不到一秒的生命。

慷慨為成功添磚加瓦

蒙牛集團的董事長牛根生有一句名言：「從無到有是很快樂的，但最大的快樂是從有到無。死在巨富的行列裡是一件可恥的事，人生最快樂的時候是你散錢的時候。」

牛根生的「散財」，在企業界是出了名的。當初牛根生離開伊利集團後，能在很短的時間內籌集到成立蒙牛的資金，能迅速吸引到如此多的人才，不是靠一時的幸運，而是來自他的個人魅力。

牛根生之所以有這樣的號召力，這與牛根生的「散財」有著直接的聯繫：在伊利工作期間，因為業績突出，年底公司分配給他個人一筆獎金，他竟然將其全部分給了下屬。還有一年，公司撥款一百多萬元給他，讓他買高級轎車。結果，他買了五輛麵包車，因為他下屬的幾個部門都需要交通工具。這種慷慨，成為他創業得以成功的關鍵因素。

在牛根生決定自己創業的時候，缺少資金的支援，他很多老同事、朋友聽說後，主動把錢湊了起來，資金問題輕而易舉地就解決了。蒙牛企業成立已有十餘年的時間，但是在牛根生「小勝憑智，大勝靠德」、「財聚人散，財散人聚」的經營哲學下，三年內銷售額增長了五十倍，在全國乳製品企業中的排名由第一千一百一十六位上升至第四位，成為業界的龍頭。

二〇〇四年六月，蒙牛集團在香港主板成功掛牌上市，共發行三點五億股。當時香港股市低迷，蒙牛卻跑贏大市，喚醒了一度低迷的香港股市。按照《富比士》的排名，當時牛根生身價一點三五億美元，居於中國富豪排行榜第一百零七位。讓人大跌眼鏡的是，就在外界對牛根生的「財富」議論紛紛的時候，二〇〇五年一月十二日，「散財大師」牛根生又做出了一個更加驚人的決定：捐出個人擁有的全部蒙牛股份十億人民幣，成立老牛基金會，支持蒙牛百年發展，而且決定在自己去世之後，股份全部捐給「老牛基金會」，家人只可領取不低於北京、上海、廣州三地平均工資的月生活費。

牛根生提到自己的這些「散財」行動時表示，自己堅守「財散人聚，財聚人散」的哲學，「捨得，捨得，捨了就有得。如果你有一個億放在家裡，遲早會被人偷，但如果放在朋友家裡，一人一塊錢，絕對丟不了」。「沒有過去的散財，也不可能在那麼短的時間裡，聚集到三、四百位有十五年以上工作經驗的乳業專門人才，也不可能取得了現在的成績」。牛根生據此來印證自己散財的善報。

待人慷慨就等於待自己慷慨，成功的商人大多都很大度。據說，香港企業家李嘉誠給下屬定了個「規矩」，與客戶談生意只許賺百分之十的利潤，而讓對方賺百分之九十。他說，讓利給客戶，人家才願意和你打交道，你談成十個生意就賺了百分之百，還是賺了大錢。這就是李嘉誠成功的祕訣。

兩個商界的傳奇人物，以他們的經歷告訴了人們這個道理：吝嗇是成功的大敵。對待金錢，不能做一毛不拔的鐵公雞，經濟學中有個名詞叫「投入產出」，做人亦如此。不付出怎麼能得到回報呢？要知道，吝嗇鬼、守財奴是永遠發不了財的，因為他們每天都沉浸在那些蠅頭小利的算計中，結果反而會因小失大。中國歷史上的范蠡，一生三次遷徙，最後到陶地。

每到一地他都憑智慧賺錢，曾三擲千金，他賺錢的「祕訣」是散財，他賺到的錢財皆用來資助親友鄉鄰，可謂是「千金散盡還復來」。

當然，慷慨不等同於亂花錢。當我們生活無憂時，我們應該慷慨地去救助一些需要幫助的人。你會發現你付出了金錢，但卻換來了一些金錢買不到的東西，得到了心靈上的滿足。生活中，與人相處大氣一點，捨棄一點私利，處處想著他人，這是一種美德，能讓你結下良好的人緣，為你今後的發展營造了「人氣」環境。

智慧品人生

正如卡內基所說：一般人往往把節儉和吝嗇看做是一對雙胞胎，這真是一個天大的錯誤。其實，「節儉」的意思是：當用則用，當省則省。換句話說，總是省用得當；而「吝嗇」的意義卻是當用不用，不該省也省。節儉固然是美德，過分節儉就變成吝嗇。凡事都要適度，如果節儉失去了本色那就成了變味的鐵公雞，成了大家恥笑的對象，同樣是可悲的。

更為重要的是，如果你是個守財奴，你是不會快樂的，因為貪財的人不能忍受錢財的損失，但是金錢的流通是其必然的發展趨勢。而那些慷慨的人，即使當他們貧窮時，內心也是富有的。因為他們看到錢財散去給社會帶來有益的一面，他們的慷慨會點燃與他人分享的火花，錢財的散去，是為了要送一份使大家都能從中受益的禮物。只有這樣的人，才能正確處理錢財與人生的關係，才能生活得更幸福。

3．看淡財富，幸福反而就在身邊

幸福並不在金幣揮霍的房屋底下。——巴爾扎克

「擁有金錢，並不等於擁有幸福；而要想擁有幸福，卻必須擁有金錢」。「金錢並不能買來一切，比如再多的金錢也未必能買來知識、健康、快樂、愛情、幸福」。無論正反對錯，諸如此類的格言無不是在表明同一個問題：金錢與幸福之間存在著密切關係。

財富與幸福是兩個完全不同的概念。然而，在經濟飛速發展的當代社會，有相當一部分人給二者畫上了等號。金錢究竟在幸福參數中占有什麼樣的位置？是不是有金錢就會有幸福呢？這一直是人們爭論不休的話題。

在財富與幸福關係的資料分析中發現：「衣食足」的人群中，財富的多寡，與主觀幸福體驗沒有多大關係。或者說，在達到舒適溫飽之後，財富的增加所帶來的幸福感會越來越弱。

金錢≠幸福

巴爾扎克說：「黃金的枷鎖是最重的。」現實生活就是這樣，在我們忙著淘金的同時，

似乎逐漸忘記了那曾在「岸邊」的初衷，在不斷創造物質財富的同時，逐漸迷失了自我，變得機械和麻木，再也沒有了清貧時的單純和真誠，多了幾分城府和狡詐。在財富與壓力指數成正比的今天，富人追求目標的同時，也放棄了常人唾手可得的普通幸福，超過限度的金錢反而會成為煩惱的代名詞。

美國賓夕法尼亞大學的葛蘭・法爾博和哈佛大學的蘿拉・塔赫曾做過一項調查研究。他們選取了兩萬名美國公民，從二十歲到六十四歲不等，而且還參考了一九七二年到二〇〇二年間美國相關社會學研究的資料，從年齡、家庭收入、健康狀況、文化水準、種族和婚姻狀況等眾多因素入手進行了研究。最終他們發現，主宰人們幸福的最主要的因素是健康，其次才是金錢與家庭狀況。

心理專家研究發現：在影響人們幸福的因素中，金錢只起到五分之一的作用，在構成美好生活的成分中，它所起的作用則是六分之一。一九九六年，伊利諾伊大學心理學家的一項研究顯示：中大獎的人在他們碰到好運一年後，會變得比以前更加不快樂。還有許多對中獎者的調查表明：突然間得到大量的金錢並不會使人幸福。當過了中大獎帶來的新鮮期，他們反而會陷入不安之中，而且他們的生活也會遭到一定程度地破壞，比如與朋友之間產生隔閡，與家人吵架，對奢侈的生活不適應等等。因此，並不是只有富翁才有資格獲得幸福快樂的生活，因為快樂感和滿足感取決於相對的富有，來自於對比中的優越。也就是說，你只要比周圍的鄰居們更富有一點，你就更容易感到幸福。

德國哲學家齊美爾說：「金錢是一種介質、一座橋樑，而人不能棲居在橋上。」看淡財富，讓金錢成為點綴生活幸福的工具，就像那個漁夫一樣，只有看淡金錢，幸福才能長留身邊。

知足者常樂，滿足是最真實的財富

有一個研究小組曾經做過這樣一個實驗：他們在街上找了一個乞丐，並且乞丐每回答一個問題就給十美元。「如果你有十美元，你會怎麼辦？」「我會找一個飯店好好地吃上一頓飯！」「五十美元呢？」「找個旅店洗個澡住一個晚上」……，隨著錢數目的增加，乞丐的回答也趨於貪婪，最後到了調查結束時，他雙眼直盯著他們，似乎還想回答問題獲取更多的錢財。在這個實驗裡，我們看到了潛藏在人們體內深不可測的慾望。

在《柳河東集》裡有這樣一段記載：有一種貪心的小蟲叫蝜蝂，蝜蝂的背能揹東西，走路的時候，只要碰到東西就會停下來，用頭頂著放在背上。這樣一路走來，它背上的東西越來越多，幾乎壓得它連氣都喘不過來了。但是，它卻一件都不捨得扔下。它掙扎著艱難地向前爬，爬著爬著，一個跟斗跌倒，摔昏了。過路人看了，可憐它，幫它把背上的東西卸下來。可是，它只要一醒過來，就急急忙忙地把那些東西又放到背上，繼續揹著走。蝜蝂總愛往高處爬，爬得越高，心裡越高興。但是，沒多久它渾身的力氣都用完了，最終掉下來摔死了。

這個故事是寓意人類貪得無厭的本性，更是現代人的生活寫照。不知足就會有慾壑難填、醜惡犯罪，縱使錢再多，仍然感覺痛苦；縱使你擁有健康的體魄，仍然感到不足而頓生悲哀；縱使你擁有幸福美滿的家庭，仍然對其視而不見而陷入困境。正如席慕蓉所說，金錢是一種有用的東西，但是，只有在你覺得知足的時候，它才會帶給你快樂，否則，它除了給你煩惱和妒忌之外，毫無任何積極的意義。

一九八三年，石油危機爆發，石油大亨默爾不停地奔波於兩州之間，連日的勞累終於使他病倒了。但當他病好後卻賣掉了公司，回到老家蘇格蘭定居下來。記者問他原因，默爾指著羅斯頓的名言，說：「利奧·羅斯頓。」後來有人發現默爾在他的自傳中寫了這麼一句話：「富裕與肥胖沒有什麼兩樣，不過是獲得超過自己所需的東西罷了。」而默爾正是在羅斯頓的史言裡學會了知足，並明白了對於一個人來說，最大的財富就是健康和快樂。

諾貝爾說過：「知足是唯一真正的財富。」人人都想站在人生舞臺的最前面擔當最佳主角，當欲望促使人們倉促地採取行動，而最終無法得逞時，才悔悟：知足者，方能獲得最大的滿足。其實幸福在哪裡，幸福就在我們心中，一個安穩踏實的夢，一個和諧溫馨的家……，所以，從今天起，卸下你沉重的包袱吧，用嶄新的眼光來重新審視你自己，讓自己的靈魂掙脫無止境的需求，進入怡然之境，這樣的你才是最富有的。

智慧品人生

幸福不僅需要財富，更需要尊嚴為先、價值彰顯，需要多一些「受之於人者太多，出之於己者太少」的感恩情結，少一些「身在福中不知福」、強求他人的消極思維，而財富不過是實現幸福這個終極目標的階梯而已。不要再把金錢看成唯一一種衡量生活好壞的東西，不再視之為一種較多或較少、很多或不足、富裕或貧窮的東西。要把金錢看做一種可以讓你順利過生活的基本要素，看做一種工具，借此工具，你可以做想做的事，可以擁有一些能帶來喜悅的東西，可以去體驗一些加強自己能力的事情。不管什麼時候，對待金錢都應保有一份平常心，只有這樣，你才能更加專注於生活的品質，而不太在乎金錢的獲取。

4．君子愛財，取之有道

貪婪是一種會給人帶來無限痛苦的地獄，它耗盡了人們力圖滿足其需求的精力，但並沒有給人帶來滿足。

——弗洛姆

君子愛財，取之有道，是千百年來的智慧結晶。此處的「道」所指的是靠自己能力、在法律道德、規章、情理允許的範圍內得到的金錢！孔子早在《論語》中就曾言「君子喻於義，小人喻於利」。以君子之義，取財於「道」，既弘揚中華民族精神，又維護個人利益，做得有理有據有節。孔子還曾說過：「富與貴，是人之所欲也，不以其道得之，不處也；貧與賤，是人之所惡也，不以其道得之，不去也。君子去仁，惡乎成名？」有錢有地位，這是人人都嚮往的，但如果不用人道的方式得來，君子是不肯接受的；貧窮低賤，這是人人都厭惡的，但如果不用人道的方式擺脫，君子是不會去離開的。君子一旦離開了人道，還怎麼成就好名聲呢？君子愛財天經地義、無可厚非，「君子喻於義」與「君子愛財」並不矛盾，重要的是「道」正確與否。

誠然，時下關於「金錢論」的爭議頗多，但錢財畢竟屬於「養命之源」，生存迫使我們誰都離不開金錢。但是請記住，吾輩愛財，取之有道。只有這樣得來的錢才不至於心虛，才不至於讓外人瞧出你的「小」。丟掉了正義、道德和人品，換來沾滿貪欲和罪惡的錢財，則留之心懼，用之手軟，終會多行不義必自斃！世上之路雖有千千萬，但只有正道可取，求財、理財也一樣。選擇了正道，努力拚搏就會事半功倍；選擇了邪道，恐未發財反倒因財耗身。望君擇善而取之，見惡果斷捨去。

智慧品人生

古人曾說過：世人熙熙，皆為利來，世人攘攘，皆為利往……，不管是聖人還是神人，對金錢都有正常的欲望。關鍵是我們要能夠始終保持平常的心態，不過分地沉迷於利祿、聲色和權慾之中。要知道，人有欲望並不是錯誤或者罪惡，縱欲才是。貪欲者，眾惡之本。人一旦貪欲過分，就會亂了方寸，計算謀略一亂，欲望就更加多。欲貪多，心術就不正，就會被貪欲所困，離開事物本來之理行事，便會導致把事做壞、做絕，大禍也將臨頭。受貪欲的影響，總是奢望自己能夠多占多得，不勞而獲，稍不如人，便氣恨不已。只見眼前的利益，有損人格不說，長遠的利益也同樣會失掉。不要被金錢沖昏了頭腦，只有勤奮地工作，創造性地勞動，有智慧地經營，才是賺錢的正道。

5．勇於捨棄眼前的誘惑

目光遠大的人不會注意到，鼠目寸光的人反而看得清楚那些擺在眼前的東西。

——庫格曼

人世間，許多人都會因為急功近利而因小失大，這些人只顧眼前，思慮不到未來，沒有遠大的目光，自然也不會取得成功。

《韓非子》中有一句話：「顧小利則大利之殘」。生活中，如果只顧眼前利益，而不從長遠利益去謀劃，那麼最後眼前的利益也會失掉。一個精明的人，一定要把目光放得長遠，即使眼前失利、陷入憂困的境地，也要研究、規劃自己的長遠發展。美國的《幸福》雜誌有一篇評論當代企業領袖必備標準的文章中這樣寫道：「那些畏懼矛盾，不敢有長遠規劃的企業家最終將退出舞臺，因為人們渴望追隨的是那些具有遠見卓識的企業領袖。」

放棄眼前才能成就最終輝煌

一八四六年十月，多納爾家族一行八十七人在前往加州的路上被大雪阻隔，無情的風雪把他們困在關卡裡無法前進。就這樣他們一直在那裡堅持了四十天，有一半人因為疾病和饑餓而陸續死亡。最後，終於有兩個人決定出去求援。令人意外的是，他們在徒步的情況下，很快就到達了一個小村莊，並帶回了一支醫療隊，剩下的人獲救了。

也許許多人都會好奇，在那樣惡劣的環境下，在面對死亡和饑餓的威脅時，為什麼他們沒有馬上出去求援，而是在此空等了四十多天以後，才決定放棄那個地方呢？為什麼沒有人願意冒險出去求援？原因很簡單——他們不願意放棄身邊的財產。

在這四十多天中，他們並不是在空等，而是試圖將馬車和財物一起弄出關口，結果卻因為風雪太大而失敗，最後他們在筋疲力盡之下只得放棄了。就這樣任由大雪圍困在關口，直到耗盡所有的食物和供給。

這樣的事情雖屬特例，但是生活中卻有同類的悲劇在不斷地上演，經常會有很多人都陷入到這種「關卡」裡不能自拔。由於害怕失去既有的社會地位、豐厚的收入、漂亮的辦公室以及握在手中的權力，寧可守著一份並不喜歡的工作，虛度數十年的光陰。你在生命之路上越是往前走，你就聚積越多的包袱和負擔——財產、名位、習慣、人際關係……，當你擁有的越多，你就越不捨得放下，於是只能依舊走著既定的道路，而不敢冒險突破，這樣一成不變的生活，註定了你平庸的一生。

不願捨棄眼前所擁有利益的人目光短淺，雖然他們會暫時表現得相當出色，但是卻缺少一種對未來的把握和規劃能力，做事只停留在現在的水準上。例如，很多人找工作，存在一種頻繁跳槽的現象，大多時候被眼前的高報酬與高職位所迷惑，沒有自己的長遠發展規劃。一些很有頭腦的遠見之士就提出了這樣的諄諄告誡：「不要只看待遇與職務，要挑一個能夠學習的環境、願意培養員工的企業、一個重視你的專業的公司，最後，還要挑一個人，即老闆。」是的，有抱負的人不會只顧眼前的利益而忽視長遠的發展，他們會從中找方法、找機會，取得大的收穫。

一個人如果只顧眼前的利益，也許會得到短暫的歡愉，但是最終卻都逃不開失敗的結果；一個人目標高遠，但也要面對現實的生活。只有把理想和現實結合起來，才有可能創造成功。有時候，一個簡單的道理，卻足以給人意味深長的生命啟示。

放長線釣大魚

在十九世紀的歐洲，羅斯柴爾德幾乎成了金錢和財富的代名詞，這個家族建立的金融帝國影響了整個歐洲乃至整個世界歷史的發展。如此的成功當然離不開一定的祕訣——放長線釣大魚。

當時，猶太人是備受歧視的，羅斯柴爾德要想取得成功，就必須接近手握大權的領主，取得他的信任。他借當地領主比海姆公爵召見的機會，不但把花了很多心血和高價收集的古錢幣以低得離奇的價格賣給公爵，而且還極力幫助公爵收古幣，經常為他介紹一些能夠使其獲得數倍利潤的顧客，不遺餘力地幫公爵賺錢。長此以往，公爵從中獲得了巨大的利益，並且對錢幣收集越來越感興趣。慢慢地，他和羅斯柴爾德的關係發展成為了長期的合作夥伴關係，而不僅僅是幾筆買賣的普通顧客。

如果說偶爾幾次的「捨本大減價」是很多人都可以做到的，那麼羅斯柴爾德這種長期幫別人賺錢的做法就是很難得的了，甚至不被人理解。但是，就是在這樣的情況下，羅斯柴爾德憑此獲得了巨大的利益。雖然他在宮廷出出進進，但自己在經濟上仍然相當拮据，為了實現長期戰略，他寧可捨棄眼前的小利。這種把金錢、心血和精力徹底投注於某個特定人物的做法，日後便成為羅斯柴爾德家族的一種基本戰略。如若遇到了諸如貴族、領主、大金融家等具有巨大潛在利益的人物，就甘願做出巨大的犧牲與之打交道，為之提供情報，獻上熱忱的服務，等到雙方建立起無法動搖的深厚關係之後，再從這類強權者身上獲得更大的收益。他的這種策略沒多久就奏效了，在他二十五歲那年，終於獲得了「御用商人」的頭銜。

放長線釣大魚，捨小利獲大利，這就是成功的猶太商人的生意經。看一個人是否具有長遠眼光，主要是看此人能否抵得住小的誘惑。最可怕的敵人，不是你的競爭對手，而是你自己。很多時候，我們常常被眼前的利益所迷惑，而忽視了其他利益。認為看得到的利益就是最大的、最好的，而等到我們把事情做完後才發現，原來還要耗費那麼多的精力和時間。如果用同等的精力和時間去做別的事情，雖然一下子沒有那麼大的利益，但是做的事情卻多得多，總利益也比作一件事情來得要多得多。

一個人要學會選擇，正確取捨，懂得「放長線釣大魚」的道理。但當「小」充滿誘惑，而「大」又十分遙遠的時候，選擇才顯得至關重要。大企業家之所以能創建並經營好大企業，都是具有大的視野和長遠的目標的。《塔木德》上說：「在仔細權衡利弊得失之前，不可採取盲目的行動。」要想使一個企業有大的發展，管理者就要有戰略的眼光，要學會放棄，只有放棄眼前的蠅頭小利，才能獲得長遠的大利。但也不能脫離現實，要把近期利益與長遠利益相結合，把理想和現實結合，這樣才有可能取得成功，使企業得到長足的發展。

人生如下棋，能顧全大局的人總是會有大的收穫，不管是利益還是經驗上攫取的東西都要比常人多的多，這是智慧。「鼠目寸光」的人是無法幹成大事的，因為他只能看到眼前的一小點利益。只有那些眼光長遠放眼未來的人，才能在未來人生的道路上有所作為。

因此，要想獲得成功，就必須要捨棄眼前的誘惑。只有放棄眼前利益，才能獲取長遠大利，這也是經商的成功之道。人生在世，該放棄的一定要毫不猶豫地放棄，不放下你手中無用的東西，又怎能拿得起另外那些有價值的東西呢？可以說，任何收穫都是以放棄為基礎的。我們在追求大目標的路上，總會被一些小利益所誘惑，常常讓我們迷失了方向，即使是到達了最終的目標，也可能已經錯過了最佳時機，且經歷了許多磨難。造物主不會讓一個人占所有的好事，魚和熊掌有九成九的機會是不可兼得的，有所得就必有所失，這是個不可否認的事實，只有善捨魚，才能得熊掌，捨小取大，相信是每個人的必然選擇。

掌握好捨與得，讓你在職場生涯中如魚得水。

在競爭日益激烈的今天，職場上就應該以長遠的眼光看問題，懂得額外付出的人其實才是真正的聰明人，因為他們是在認真地對待自己的人生！捨得放棄，其實是一個人真正屬於了自己，真正懂得了如何駕馭自己。

第九章

職場衝浪，在捨得中尋平衡

1．累與不累，取決於自己的心態

工作是一種樂趣時，生活是一種享受！工作是一種義務時，生活則是一種苦役。

——高爾基

我們經常會聽到有人這樣抱怨，「好累啊！」、「活著真累……。」如今人們工作的節奏急劇加快，的確容易導致人們「太累」。為了生活，為了家庭，為了前途，這樣一天天一年年艱辛耕耘、奮力拚搏，覺得太累也是必然的事情。但能不能讓自己不那麼「累」呢？答案是肯定的，關鍵是要保持好的心態。

法國的哲學家伏爾泰說過：「工作撵跑三個魔鬼：無聊、墮落和貧窮。」可見，工作也的確賦予了我們很多東西。所以，我們不要只抱怨自己被工作所累，而要以良好的心態從工作中得到快樂。當你得到了一個輕鬆、自由、壓力小、但工資有點低的工作時，眼睛不要總是盯著工資低不放，而應該多想想——自己多自在啊！相反的，當你得到了一個工資很高、壓力大、不自由的工作，要想從中感到快樂，眼睛就不能總是盯著工作壓力大不放，而應該多想想——自己的工資待遇高啊，這是大多數人所沒有的。

聰明人不會被生活所累，讓不良情緒牽著走。工作也是一樣，工作雖然累一點，但有失必有得，付出了汗水，就可獲得甜蜜；付出了辛苦，就可獲得無悔。生活因「累」而多姿，人生因「累」而壯美，良好的心態使人能夠正確看待失與得，累卻快樂著……。

原來工作也可以如此快樂

傑克終於找到了一份待遇不錯的工作，在一家快遞公司做司機，上班的第一天，公司派了一名老司機魯特來指導他，魯特是公司資歷很老的一個司機，他開了大半輩子的車，幾乎跑遍了全國各個角落。魯特起初讓傑克自個兒開車，傑克駕駛著車在馬路上跑了三個小時，很疲勞，他請求魯特替換自己。魯特接手後駕駛七、八個小時，卻依然能夠精神十足地邊開車邊吹口哨哼著歌。傑克很納悶，他禁不住問魯特為什麼開了這麼長時間的車，卻還能這麼精神抖擻。魯特反問他：「你早上離開家時，是怎麼樣向你的家人道別的？」傑克很疑惑但如實地回答說：「離家前我跟妻子告別說：『親愛的，我去工作了。』怎麼？這有什麼問題嗎？」「問題就在這裡了！」「什麼問題？」魯特笑著說：「我早上離家時也會跟妻子道別，不過我不是跟她說我要去工作了，我說白天要開車到處兜兜風。」

如果你是傑克，你聽到老司機魯特的話會有何感想？工作到底累還是不累完全取決於個人心態。以正確的心態去看待工作生活，不要把工作當做是為了生活而不得不做的事，要以一顆感恩的心去對待身邊的事物，要像老司機魯特那樣，懂得從枯燥的工作中尋找快樂，學會從另一個角度去看待事物，在他看來，這份工作不但可以讓他每天開車兜風，遊遍全國各個角落，而且還可以因此而得到報酬，滿足家庭生活需求，這等的美事何樂而不為呢？

許多心理學專家發現，一個人的心態可以影響他的一切。為什麼有些人可以擁有高品質的生活，事業成功，賺很多的錢，良好的人際關係，健康的身體，每天快快樂樂地品味人生？而有些人忙忙碌碌地勞作卻只能維持生計。前者因工作而瀟灑快樂，後者卻因工作而愁悶不堪，為什麼工作的鏡子可以照出兩種完全不同的面孔呢？其實，這並不是工作的好與壞，清與閒所造成的，而是他們擁有不同的心態造成的。因為能從工作中找到樂趣，快樂工作的人更容易取得成功。生活就是這樣，要麼你去駕馭生命，要麼生命駕馭你。

「樂之者」怎會覺得累

論語有云：「知之者不如好之者，好之者不如樂之者。」瞭解一件事的人不如喜歡一件事的人，喜歡一件事的人不如以這件事為樂趣的人。應該說能從工作中得到樂趣、得到快感的人才能夠有超然的生活。視工作為樂趣，人生就是天堂；視工作為痛苦，人生就是地獄。

我們從事的工作有趣與否，往往取決於我們的心態。就像生命，它本沒有什麼明確的意義，是我們賦予了它意義。工作也同樣，它本身無所謂有趣與否，是單調乏味還是充實有趣，往往取決於我們對待它時的心境。

在生活中，我們要試著從不同的角度去思考問題。是否能從工作中感受到樂趣，歸根結底是一個心態問題。樂觀的心態使你能夠保持良好的狀態，即使是在困境中也能發現積極的一面，想辦法走出困境。而悲觀的心態使你過分關注不盡如人意的方面，看不到工作的樂趣，即使給你一份好的工作，也會被這種消極的心態摧毀。

有很多人抱怨從事的工作不是自己喜歡的，找不到任何樂趣，覺得一切都這麼讓人感到乏味。其實工作中並不是沒有樂趣，而是缺少發現樂趣、感受樂趣的心！然而，如果擁有興趣，就會更自覺地爆發激情，因而更容易感受到樂趣；可是，如果沒有健康積極的心態，即使你從事的是自己最喜歡的工作，你依然無法真正地體驗工作中的樂趣並持久地保持對工作的激情。要做到真正意義上的「樂之者」，要愛上自己所從事的工作，並且以一顆平淡無爭的心去對待，不要盲目地與人攀比，一味地去尋找別人工作中的樂趣，而給自己找不快，只要做到知足常樂，就能夠得到真正的快樂。

「樂之者」在於以積極的心態去工作，去生活。他們以建立事業的心態、增長本事的心態、豐富人生的心態去工作、去奮鬥、去拼搏，這樣當然不會覺得累。攀登者的樂趣，在於「山登絕頂我為峰」的自豪；涉險者的行為，源於「挑戰極限、超越自我」的目標。安逸散漫的生活只會在歲月的天空中劃出平淡的印痕，奮鬥拚搏的生活才能使人生的畫布充滿絢麗的色彩。「樂之者」善於在樂趣中工作，愛己所選，不輕言變動。他們善於把一些無謂的煩惱丟掉，快樂就有了更多更大的空間。心中不斷地被快樂填充著又怎麼會覺得累呢？心是快樂的，人也會因此而充滿朝氣，鬥志昂揚，笑對人生的每一天！

智慧品人生

工作不是人生的全部，但人生的價值要靠工作來體現。世界上的每一個人都值得擁有一份有趣且能夠給自己帶來成就感和回報的工作；一份可以體現自我，發揮潛能的工作；一份讓我們期待上班的工作；一份挑戰自我、達成更高成就的工作。現實中，大多數人都因生存而累，或是因盲目攀比而累，不要因自己的工作不如別人而厭惡自己的工作，這樣只會使自己的狀況更加惡化。只要能夠擁有積極的心態去看待，即使你從事的是一份你不喜歡的工作，你也能從中找到樂趣，從而實現人生的價值。

2．捨得是永恆不變的生意經

有錢大家賺，利潤大家分享，這樣才有人願意合作。假如拿百分之十的股份是公正的，拿百分之十一也可以，但是如果只拿百分之九的股份，就會財源滾滾來。——李嘉誠

李嘉誠曾說過這樣一段話：「我覺得，顧及對方的利益是最重要的，不能把目光僅僅侷限在自己的利益上，兩者是相輔相成的，自己捨得讓利，讓對方得利，最終還是會給自己帶來較大的利益。占小便宜的不會有朋友，這是我小的時候我母親就告訴給我的道理，經商也是這樣。」

捨得，捨得，有捨才有得。「捨」即捨棄，放棄。「得」即得到，獲取。人的一生會被許多難以取捨、困惑不已的瑣事糾纏不清，這時所需要的就是斷然地捨棄與明智地抉擇，如果堅持只取不捨，那麼最終會什麼也得不到。敢於放棄眼前的利益而最終贏得長遠的利益，放棄局部的利益而最終贏得整體的利益，這是做事的成功原則。成功的商人善於放棄，放棄私欲而贏得真誠的合作，放棄暴利而贏得廣大的市場。

學會「捨」，我們可以得到更多

人們常說：放棄，有時也是一種智慧。而且還是人們難以掌握、難以運用自如的一種大智慧。生活中當你拿得太多的時候，就必須要放棄一些；一條路走得太久而沒有結果，就要學會適時地放棄。我們的生命並不長，匆匆數十載，實在沒有太多的時間作為賭注押在唯一一條路上。「永不放棄」聽起來很美，但並不適用於每一件事、每一種職業和每一個人。

放棄是否得當，關係著一生的榮辱，萬萬不可等閒視之。放棄的藝術有三個不同的境界：第一個境界是「勇於放棄」，這種放棄往往是處於被動之中的無奈，但也難能可貴；第二個境界是「樂於放棄」，以奉獻他人為樂，可算是真君子；第三個境界是「善於放棄」，該捨時果斷出手，該守的絲毫不讓，能夠達此境界，堪稱知仁知義知禮的俊傑。

林舒從小就生活在富足的家庭中，但他並沒有因此而安於現狀，他想要有自己的成就，不要永遠活在父親的佑護下。因此，他青年時就離家去尋找真正屬於自己的路，靠自己的力量去挑戰世界。數年過後，他拖著失落的、疲憊不堪的身體與心靈回來了。

父親並沒有說什麼，只是拿了三塊西瓜放到林舒的面前說：「現在每塊西瓜都代表一定程度的利益，你會選擇吃掉哪塊？」回答是：「當然是最大的那塊！」「那好，請吧！」說著，父親便把那塊最大的西瓜遞給兒子，而自己卻吃起了最小的那塊。很快，父親就吃完了，隨後拿起桌上的最後一塊西瓜得意地在兒子面前晃了晃，大口地吃了起來。邊吃還邊給兒子講了一個小故事：三個商人帶著開採了十年的金子，越洋歸國，中途不幸遇到了暴風雨。一個商人為了保住金子，而被大浪吞沒；一個商人為了留下部分金子，最終與船同歸於盡；最後一個商人則放棄了船上的金子，乘救生艇逃離了危險。後來他又帶領船隊，打撈出三條裝金子的貨船，擁有了三個人的財富。

兒子頓時明白了父親的意思：父親吃的西瓜雖然沒有自己的大，卻比自己吃得多。如果每塊西瓜代表一定程度的利益，那麼父親占有的利益自然比自己多。最後一個商人雖然暫時放棄了十年的成果，但最終卻得到了價值三倍的財富。要想成功，就要學會放棄，只有放棄眼前的利益，才能贏得更長遠的大的利益。暫時的放棄，可能是另外的一種轉機。

所有商業活動都是利益交換的過程，你對別人捨，才能得到更大的收穫。利他就是利己，幫人就是幫自己，這就是捨與得之間的辯證法。

智慧品人生

擁有是一種幸福，有的時候捨棄是為了能夠更好的擁有。人們要學會善於放棄，在放棄中尋找新的轉機。樹木為了長高，必須放棄多餘的枝葉；花朵為了結出果實，必須放棄綻放時的美麗。放棄是一種苦，但是苦中也有樂。任何事情只有學會適時適當的放棄，才能徹底的解悟「落紅不是無情物，化作春泥更護花」的真正含義。事業上也是一樣，只有放棄貪慾虛名、放棄權力角逐、放棄金錢的誘惑，才能卸下人生的種種包袱，輕裝上陣，快速地到達目的地，獲得大的成功。

3．得從額外的付出開始

在激烈地競爭當中多付出一點，便可多贏一點。就像參加奧運一樣，你看一、二、三名，跑第一的往往只是比第二、三快了那麼一點點。

——李嘉誠

也許每個人都明白這個道理：一份付出一份回報，一分耕耘一分收穫。沒有努力，就沒有成功；沒有付出就沒有回報；沒有鮮花和掌聲，就沒有喜悅和淚水。付出是得到的序曲，否則不切實際地空想只會化做瞬間的泡影。許多成功人士並非在突然間就有很大的成就，那是他們努力的必然。當他們的同伴沉浸在甜美的夢鄉中時，也許他們還在深夜的孤燈下苦苦奮鬥……，只有捨得付出，才會有回報。

很多初入職場的新人，每天不是抱怨工作太累，就是抱怨老闆對自己不好，或是抱怨同事關係不好處等等，他們總想著從別人身上多得到一點，卻從來沒想過自己多付出一點點。沒有付出，哪來的收穫？成功的人付出都是很多的，只是我們注意到了他們成功的光環，卻沒有注意他們曾經艱苦的奮鬥和成功前承受的巨大壓力。所以，放下抱怨，學會比別人多付出一點，你就會收到意想不到的收穫。

每天多付出一點點

在人們的日常生活中，存在著一個偉大的定律，叫付出定律。它告訴我們，只要你有付出，就一定有獲得，獲得不夠，表示付出不夠，想要得到更多，你必須付出更多。人生就是一個追求卓越的過程，你只需要今天比昨天多付出百分之一，每天進步一點點，就已踏上卓越之路了。也許你可能不相信，從「差不多過得去的員工」到變成一位「優秀員工」，其實只需要你每天多付出一點點；然而，你卻會因此得到很多，你的生活以及整個人生也許都會因此而發生改變。

在工作中，每天多做一點點，也許你的初衷並非為了獲得更多的報酬，但往往獲得的比你應該得到的更多。成功者與失敗者的差距，並不像大多數人想像的那樣有一道巨大的鴻溝橫在面前。其實，成功者與失敗者的差距往往在一些小小的事情上：每天比他人多做一點點，每天花五分鐘的時間查閱資料，每天多打一個電話，在適當的時候多一個表示，多做一些研究，或者在實驗室中多實驗一次……，就因為這一點點，你卻向成功邁進了一大步。

艾瑪是一個公司的小職員，從事速記工作。一個星期六的下午，一位律師走進艾瑪的辦公室，想讓他們公司的一位速記員來幫忙整理一些工作，並且這份工作要的比較急，必須在當天完成。艾瑪聽了他的請求以後，告訴他公司所有速記員都去觀看球賽了，如果他晚來五分鐘，自己也會走，因為已經到了下班的時間。但艾瑪同時表示，如果這位律師不介意的話，自己願意留下來幫助他，因為「球賽隨時都可以看，但是工作必須在當天完成」。律師聽了她的話，真是求之不得，感謝艾瑪幫了他的大忙。

艾瑪把律師交給她的工作做完以後，已經是晚上十點多了。她把工作交給律師之後，律師問：「耽誤你這麼長時間，我該給你多少錢呢？」艾瑪開玩笑地回答：「哦，既然是你的工作，大約一千美元吧。如果是別人的工作，我是不會收取任何費用的。」律師笑了笑，向艾瑪表示謝意。艾瑪的回答不過是一個玩笑，她並不想得到那一千美元。但令艾瑪沒有想到的是，那位律師竟然真的這樣做了。六個月之後，艾瑪已將幫那位律師整理檔案的事忘到了九霄雲外，可是，有一天艾瑪快要下班的時候，律師卻找到了艾瑪，交給了她一千美元，並且誠懇的邀請艾瑪到他的公司工作，薪水比現在高出一千多美元。就因為艾瑪放棄了自己的休息時間和喜歡的球賽，為別人多做了一點事情，卻為她的人生發展帶來極大的轉機，讓她在同行中脫穎而出。

多付出一點點，多克制一下自己，對工作多一點喜歡，對公司的事情多關心一點，對公司的財產和利益多一點愛惜，對公司文化和各種規定多一點認同，對每天和你相處的同事多一點尊重，對自己的家庭多一點責任，對自己的父母多一點孝心，對自己的兒女多一點愛心，你就能從一個「差不多過得去的員工」或「有時有點問題的員工」開始變成一個優秀員工。

想成功，就得比別人付出更多

一個成功的推銷員用一句話總結了他的經驗：「你想要比別人優秀，就必須堅持每天比別人多訪問五個客戶。」是的，就是這五個客戶成就了一個人一生的優秀。「比別人多做一點」，這幾乎是事業成功者高於平庸者的祕訣。

冰心寫過這樣一首小詩：成功的花，人們只驚喜她現在的明豔！然而當初她的芽兒，浸透了奮鬥的淚泉，灑遍了犧牲的血雨。這一朵毫不起眼的小花卻深刻地蘊藏了付出和成功的真諦。一個人，不管他從事的是什麼職業，都渴望能夠獲得成功，因為成功讓人喜悅，成功的感覺讓人興奮，更因為成功體現了一個人的人生價值。當人們都沉浸在興奮和喜悅中時，有誰會沉思成功背後所隱藏的汗水和淚水。成功的歡笑固然讓人回味無窮，但成功背後的辛酸更加耐人尋味。縱觀古今中外，有哪一位偉大人物的成功不是浸透著拚搏的汗水和執著的精神？假如沒有艱辛的付出，又何來收穫的喜悅呢？

對於在職場中打拚的人來說，願不願多付出、能不能多付出更是成為他們能否成功的關鍵。而偏偏有些人心高氣傲，對上司的管教不服，對同事的勸導不聽，自以為很聰明，擺出一副「事不關己，高高掛起」的姿態。這樣的人恐怕只會離成功的大門越來越遠，到最後輸得一塌糊塗時，還在抱怨自己為什麼不會成功。其實很多時候我們並不是敗給了其他人，更多的時候是敗給了我們某種習慣和思維方式，或者說是某種性格取向。

「比別人多做一點」，是每一個人走向成功的一條重要準則。人生沒有可供你駐足的港口，自我本身永遠是一個出發點，無論何時何地，只要有創造就有收穫，只要有自強不息的進取精神，就能證明生命的存在，只要我們在平凡的崗位上，堅持每天多做一點，你總能置身於柳暗花明又一村的境界中。

世界上令人矚目的成功從來都不是偶然的，它永遠屬於那些用畢生的精力甚至自己的性命去努力奮鬥的人。正是因為這些人比別人多了一些付出，所以他們能夠品嘗到成功的來之不易。古語說：「不經一番寒徹骨，焉得梅花撲鼻香！」如果你不願虛度光陰，那麼，就請多付出一些努力！多做一些事，讓你的人生更加輝煌。

每天多做一點點，意謂著什麼呢？意謂著改變自己——一件事情會影響一個人的命運，也許幾件事情就會改變一個人的一生。每天多做一點點，是聰明人的選擇；每天少做一點點，是投機者的把戲。前者是主動掌握成功，後者是利用成功；前者為長久的人生之道，後者為短暫的機會偶遇。你所付出的額外服務會為你帶來更多的回報，也許，成功的契機就隱含其中呢！

職場的法則永遠都是：想要比別人成功，就必須比別人多付出。你付出的越多，上帝給你的饋贈就越多。多一分付出就意謂著多積累一份資本；多一分付出，就意謂著多顯露一份才華；多一分付出，就意謂著多閃現一份美德；多一分付出，就意謂著多獲取一份成功。只有多一些額外的付出，才能得到常人得不到的成就。

4．捨得投入，職場的充電投資「經」

對自己不滿足是任何真正有才能的人的根本特徵之一。——契訶夫

在職場中，幾乎每個人都會遇到這種情況：當事業發展到一定階段，會陷入一種無法突破的瓶頸。表面上看這些白領都有一份好工作，收入也很不錯。但這些都是他們通過激烈的競爭獲得的，危機感時刻圍繞著他們。其實，問題並不複雜，這些人是遭遇了「職場休克」。每個人都面臨嚴酷的職場競爭考驗，企業在員工淘汰上不再留情，新人的「陣亡率」不斷攀高，如果自己也陷入了這樣的職場尷尬，遭遇「職場休克」時該怎麼辦？如何避免「職場休克」？

其實，答案很簡單：如果你想對現有狀況做些改變，知識無疑是最有力的工具。不斷學習，給自己充電是每個職場人謀求進步的必經之路。人才市場中的激烈競爭永無休止。要讓自己「不貶值」，那就需要不斷地「充電」。正如人們常說的：你永遠不能休息，否則，你就會永遠休息。正是在這種殘酷的就業競爭壓力之下，職場中人都意識到了參加培訓，給自己不斷「充電」的重要性。時下，就有許多白領人員為了避免工作「干擾」，放棄現有的一切，自砸飯碗，自費進行充電。

堅持充電，拓寬職場視野

大學剛剛畢業的莉莉去一家網站應聘做了編輯，但是僅僅做了半年，她就厭煩了這種「複製」、「剪下」、「貼上」的無聊工作。毅然離開後，她去了一家外商企業做祕書，又是做了半年不到，她開始厭倦公司嚴格的制度，於是選擇了辭職。熱愛自由的她想要考導遊證照或者律師資格，因為她覺得導遊和律師這種職業會相對自由些。同時，她還不想荒廢自己的專業，想踏踏實實地去做一個英語老師。兩難之下，她一時沒有了主意。

湯馬士則是另外一種代表。大學畢業後到一家ＩＴ公司做了技術員，在他的努力下，僅用了三年時間就做到了主管。這三年中他一刻也沒放鬆對自己的學習投資，先後考下了幾個ＩＴ認證，在業務上日趨完善，得到了做項目的機會，並因此得到了升遷。

這兩個案例的強烈對比，讓我們看到了職場充電的重要性。臺灣有句見面問好的話：「呷飽沒？」如今應當改變一下，改為「學習了嗎？」其實，道理很簡單，生存的保障決定於個人的價值，然而要想不斷提升個人價值，只有不斷學習、每日學習。只有學習、創新、再學習、再創新，才有不斷地進步，才能立於不敗之地！而且，隨著市場競爭越來越激烈，知識的折舊遠比固定資產快得多。有資料分析說，每隔十五年，一個人掌握的知識至少會有百分之八十會過時的，因此，我們有必要不斷地給自己「充電」，避免「漏電」。

不斷學習新知識是讓自己處於職場優勢的最佳途徑。美國ABC晚間新聞的當紅主播彼得．詹寧斯就是一個典型的成功代表。在他成名以前，他曾一度毅然辭去人人羨慕的主播職位，到新聞的第一線去磨練自己。經過很多歷練後，他重新回到ABC主播的位置。而此時的他，已由一個初出茅廬且略微有點生澀的小夥子成長為成熟穩健又廣受歡迎的主播兼記者。可以說，彼得．詹寧斯之所以會取得今天的成功，就是因為即使他是同行中的佼佼者時，也沒有被自滿衝昏頭腦，而是選擇了繼續學習，使自己的事業再攀高峰。

要想在職場中保持優勢地位，學習就必須貫穿在整個職業生涯當中。眾所周知，加拿大的就業率是很高的，但是為了獲得更理想的職位和薪水，當地人喜歡跳槽。為了獲得某個心儀的崗位，他們往往先瞭解該崗位的職業要求，並進行針對性充電，以獲得相應的職業資格證書或培訓合格證書，然後，再去應聘。這樣他們的成功率就會相對的高於其他人。所以說，處在當今這個學習型社會裡，人與人之間的差異，主要是學習能力的差異；人與人之間的「較量」，關鍵在學習能力的「較量」。

目前，時代發展的速度超過了想像，二十一世紀已經進入了知識爆炸的時代，生活在這樣一個時代，任何人都必須不斷學習，更新知識，想要用學校學的知識「應付」一輩子，已完全不可能了。如果我們不能做到「與時俱進」，不能使我們的知識得到更新，我們就無法期待「明天會更好」。正如未來學家托夫勒所說，未來的「文盲」是想學習而不會學習的人。

善於「充電」，讓自己增值

在職場上，流行著這樣一則寓言，草原的夜幕下，一頭獅子在沉思：當明天的太陽升起，我要拼命地奔跑，追上跑得最快的那隻羚羊。與此同時，一隻羚羊也在琢磨：當明天的太陽升起，我要拼命地奔跑，逃脫跑得最快的那隻獅子的追趕。行走職場好比逆水行舟，你不進，那就一定是退，而充電就是前進的「動力源」。

「充電」眼下已被公認為職場人保持競爭力的必備武器之一。越來越多的職場人士如同奔跑的「獅子」和「羚羊」，一種對自己原有的知識結構、知識層次不滿意而產生的危機感，促使職場中人走進課堂充電加油。據調查，在二〇〇五年中，幾近半數的人參加過一至二次培訓活動，一次培訓都沒有參加過的受訪者占百分之二十五點六六，參加了三至五次培訓的人數比例為百分之十八點八，參加過六至十次乃至十次以上培訓的人相對較少，分別只有百分之三點二和百分之四點四五。

的確，充電不失為提高競爭力的明智之舉，但對忙碌的職場中人來說，能夠用來「充電」

的時間畢竟有限，如何才能在有限的時間裡，製訂合理的「充電」計畫，使「充電」的效能達到最大化？如何有意識地選擇適合自己的充電途徑，找準最佳結合點，實現充電的最佳效益，最終擁有決勝職場的能力？做出正確的「充電」規畫，不要讓個人盲目培訓害了你。

必須要有明確的目標。保持敏感，時刻關注自己所處的行業對人員技能和需求的改變，這將決定學習方向。認真分析一下這個領域對所需人才有什麼樣的標準和要求，諸如學歷、工作經驗、專業背景等等；與之相比，自己有哪些長處和劣勢。當認識到自己在某方面的能力不足時，就需要有針對性地選擇可以提高能力不足的方面的課程。

在明確自己職業發展定位和目標的基礎上，選擇對目前的工作或者一段時間內的職業發展目標有幫助的「充電」。當你確定了自己的職業定位以後，選取的課程要與今後的職業發展方向相一致，選取可以增加自身的職業資質和提升自己能力的課程。比如：有很多人拿了一大堆證書，結果也沒什麼用，盲目跟風，就是缺乏規劃。所以，在課程選擇上，要選取與今後發展方向相一致的課程。同時，「充電」要發揮最大效能，還得注意個人職業發展的時機。注意市場的行情變化。想要得到發展，就要隨時按市場的要求調整自己的目標和充電方向，才能在濟濟人才中脫穎而出。

當然，「充電」不能急功近利，最好是量力而行、循序漸進。

「充電」這個詞很形象，激烈的人才市場競爭時刻提醒著每個人，必須要不斷地自我增值，否則就如同耗損的電池般失去了應用價值。而這一切的實現，我們除了不斷學習、不斷進取，別無選擇。

就像一句古諺所說：「你的船要是有了破洞，就花點時間補好它。」人就好比一台機器，要發揮出它的最佳效能，就得不時地為它加油加水，否則就會損耗得非常快。必備的綜合知識和牢固的專業知識是你在職場中立穩根基的第一張牌。面對日益加劇的職場競爭趨勢，只有不斷學習、有針對性地充電，不斷補充新的「血液」才能滿足不斷變化的職場需求，避免遭遇淘汰的厄運，馳騁於風雲變幻的職場。

學習在今天看來仍是一個終身的話題，我們從事的工作面對著許多競爭者，我們必須比別人先投資才能先收到成果。不管你是剛開始職業生涯，還是工作多年的老手，只要記得時常給自己加加油，只有捨得為自己的充電投資，你才能走得比別人更好，更遠。

5．對員工捨得才會有回報

一個獲得成功的人，從他的同胞那裡所取得的，總是無可比擬地超過他對他們所作的貢獻。

——愛因斯坦

企業經營說到底就是人對人的經營。企業是一個團體，員工是推動企業在市場競爭中取得最後成功的決定因素。企業管理者在追求成功的過程中，離不開與他人的合作，尤其是現代社會裡，如果你想獲得成功，就應該想方設法獲得周圍人的支持和幫助。在商業上，人們通過談判獲得勝利。在管理上卻有所不同，只要企業能夠賦予員工關愛，給他們理解，讓他們看到企業的人性化管理，那麼，員工對企業的忠心就是企業最寶貴的資產。

一個人不能總想著自己，也要多想想別人。如果你只想從別人那裡得到，而自己從不付出，那麼，你的朋友就會離你遠去，久而久之就會把你孤立起來。只有善待他人，你才能把自己融入人群，獲得友誼，獲得信任、諒解和支持。管理企業和做人一樣，如果一個老闆吝於對員工付出，那麼員工也就不會盡自己的最大力量為公司服務。所以，管理者要明白這個道理：捨得對員工付出才會有回報。

善待他人就是善待自己

某國有個首富，人稱「瓜王」，因為他由一個普通的瓜農，通過努力創建了自己的企業，並使自己的瓜果事業走向了世界。在他手下有數千名員工，優秀幹將數不勝數。雖然企業在發展期間也出現過危機，可是卻沒有一個員工願意「大難臨頭各自飛」，他們選擇了和企業共患難，最終，集體的力量戰勝了困難，危機過去了，企業也取得了巨大的成功。

當記者來採訪瓜王的經營之道時，瓜王就給記者講了這樣一個故事：

從前有一個瓜農，辛苦耕耘了一片瓜田，終於到了豐收的時候，看著碩果纍纍的瓜田，他一直沉浸在豐收的喜悅中。可是有一天晚上，村裡出了名的無賴父子開了一輛小貨車在瓜田偷瓜，裝了滿滿一車。就在離開之時，車的一個輪子不慎陷入了淤泥中，父子倆折騰了一夜也沒能把車弄出來。第二天早上，當瓜農趕來，從老遠就看到了此情景，這時，村裡的其他村民也來到田地幹活。瓜農過來了，無賴父親看著他，毫無懼色，也毫不愧疚，他甚至已經叫他的兒子回家找幫手拿傢伙準備大幹一場。誰料想，瓜農友善地拍了拍無賴父親的肩膀笑著說：「我知道，你是來買我的瓜的，對嗎？真夠意思，剛收成就來捧場。來，我幫你把車子弄出來。」這時無賴父親愕然，但立刻會意，順勢拋回一句：「正是，我是來買瓜的。不過你得給我個合理的價。」瓜農說：「成！」事後有人問瓜農，「明明知道他們是來偷瓜的，如果不是車陷泥潭，你可就要損失一車的瓜啊，你怎麼還要幫他找臺階下？」瓜農說了一句富含哲理的話：「善待他人就是善待自己。」

其實，瓜王講的就是自己年輕時的故事。他就是一直堅持著「善待他人就是善待自己，善待員工就是善待企業的未來」這個原則，才有了今天的成就。

如果企業不善待員工，員工也不會善待企業。如果企業樂於為員工付出，那麼，就會挑動起員工的工作積極性和忠誠度。對於一個公司而言，優秀的員工是企業優質的資產。各級管理人員有義務保住公司優質的資產。讓員工對公司管理層多一份信任，多一份感情。

給我一滴水，我將回報你整個大海

中國人常講：「滴水之恩，當湧泉相報」，它頌揚的是中華民族的傳統美德。有這樣一句話「善待員工就是好雇主」，所謂管理企業、管理員工，無非是瞭解人性。你瞭解人性，善待員工，員工自然會回饋你。如果你給他們一滴水，他們回報你的將是整座大海。

一個發展中的服裝公司的老闆，無意中發現了公司一名普通女員工阿信很有上進心，總是利用工作之餘努力地學習。經調查得知，阿信自小家中貧寒，沒能好好地完成學業。她一直在不斷地學習，希望能夠通過知識來改變命運。最後，這家公司的老闆竟作出了這樣的決定，由公司出資供阿信到國外深造，阿信得知後，感動不已。數年以後，阿信的學習之旅即將結束，由於她的成績優異，表現突出，國外許多企業花鉅資想要挖阿信過去。為此許多人都覺得老闆要「竹籃打水一場空」了，白白為別人培養了一個人才。

但是，最終阿信選擇了回到國內，回到這家服裝公司，為公司效力。在迎接儀式中，面對許多人的疑惑，她講到：「我是一個有良心的人，我曉得『滴水之恩，當湧泉相報』的道理。所以我要回來，回來為恩人效力，為國家效力。」此後，阿信把在國外學到的東西運用到企業中，在她與企業全體員工的努力下，公司一天天壯大起來，向國際化企業進軍。

對於員工來講，主觀為自己，客觀為他人，每個員工都會問自己這樣的問題：「我為什麼那麼努力地工作?做得好與做不好有什麼不同?」一個讓員工沒有安全感，感受不到發展希望的企業，是留不住好的人才的。所以，企業要站在員工的立場上看問題，想想「假如我是一名員工，我需要什麼?」而不是站在公司的立場上看問題，唯有這樣才能讓員工對公司的管理層多一份信任，多一份感情。自然可以換得員工辛勤的工作，推動企業向更高發展。

智慧品人生

當今社會中，各行各業人才流動率較高。之所以會出現這樣的情況，是因為員工看不到自身的發展方向。人才的流失也讓有的企業遭受到一定的損失。企業要想留住優秀的員工，就要學會捨得對員工付出，關心他們的成長，給他們一個能使其心情舒暢的工作環境，還必須為其提供有競爭力的待遇。企業的人性化管理，使員工心甘情願地對企業忠心，努力地為企業效力。這樣，企業從員工那裡得到的遠遠比給予員工的要多得多。

6．放下成見，化敵為友

寬恕可以交友，當你能以豁達開朗的心地去寬容別人的錯誤時，你的朋友自然就多了。

——羅蘭

在各種人際關係中，同事之誼無疑是最微妙的了。即使你在不加班的情況下，一天也有八個小時和同事在一起，我們應該如何對待這種同事關係是不得不考慮的：與家人是親情，與朋友是友情，與戀人是愛情，但與同事之間的關係呢？這是非常複雜的。雖然工作不是生活的全部，但工作無疑是生活中的一大主力元素，跟同事關係的好壞對我們的工作及生活情緒也有著莫大關聯。如果跟同事關係緊張，則可能使我們的工作一團糟，人也會變得懶惰遲鈍，想到未來的歲月在這樣的環境中度過，你一定會覺得非常悲哀吧？

俗語說「以和為貴」。在工作中，與同事之間，如果因為工作中一點小事引起誤會，直至互相產生很深的成見，相互拆臺、互不買帳，這樣做肯定會對工作造成不必要的影響。如果不能及時協調，使誤會越來越深，就可能在實際工作中造成嚴重的無法挽回的後果。我們要學會以積極的態度處理好與同事之間的微妙關係，淡化成見，重獲同理心，儘量消除誤解，這樣，工作起來會事半功倍，效率會大大提高，以輕鬆的心情工作，那麼，生活也會因此而充滿陽光。

同事之間，以和為貴

每個處於工作中的人，每天肯定都要面對很多錯綜複雜的人際關係！要完成上級下達的任務，又要給下屬布置工作，還有可能經常與客戶打交道……。在這憂煩複雜的人際關係中，彼此之間免不了會有各種各樣雞毛蒜皮的事情發生，個人的性格、脾氣稟性、優點和缺點也暴露得比較明顯，這樣稍有不慎，就會引出各種各樣的矛盾、衝突。那麼，同在一個屋簷下，怎樣才能更好地處理同事之間關係，讓自己經常處於一個良好的工作氛圍中呢？這是每個職場人都急於想知道的。

人際關係的處理是複雜的、互動的、雙方的，需要雙方努力。別人的態度與行為雖然難以控制，但是我們卻能夠把握我們自己。那麼，從自己做起，與人為善，做好自己的事，就是維護人際關係的關鍵所在。

小紅是一家公司的祕書，是個急性子。一天上午，她打電話到財務室，要幾個公司本年度上半年的財務資料，可是打了好幾通電話，財務那邊都沒有什麼反應。小紅很著急，於是在電話裡對財務室的人喊起來：「你們怎麼老是那麼忙？」濃濃的火藥味卻依然沒有讓財務室的動作加快，任憑小紅急得像熱蟻上鍋，財務室依然是不慌不忙。

為什麼會這樣呢？原來，會計孫大姐是公司的元老級人物。有一天，孫大姐急著要用電腦列印一份財務報表，但財務室裡唯一會電腦的阿飛請假了。於是便找小紅幫忙。可是小紅卻總是敷衍，一會說自己沒空，一會說自己正忙。孫大姐給小紅打了好多次電話，最後無奈只好找別人解決了。孫大姐心裡對小紅有了成見，於是就有了這次事件的發生。這就是平時敷衍別人的結果。

小紅作為祕書，經常會和財務人員打交道，只有處理好同事關係，才能順利地開展工作。敷衍人家的確很輕鬆，很合算，但是，風水輪流轉，你有初一，人家就會有十五；你今天敷衍人家，人家明天肯定也會敷衍你。所以，工作中不能事事較真，一定要真誠的處理各種人際關係，與人方便，與己方便。

化干戈為玉帛

在日常工作中，難免會需要別人的幫助，而這個人曾與你有某種不和的時候，你該做些什麼？是放棄還是迎難而上呢？想要放棄很容易，但會使你失去一個得力夥伴。所以，你應該做的是如何化敵為友，化干戈為玉帛，使之成為你的朋友。

從前，一個牧場生活著兩戶人家，一家以牧羊為生，養了許多羊，一家是獵人，靠打獵為生，所以養了許多獵狗。這樣問題就出現了，這些獵狗經常跳過柵欄，襲擊牧羊人的小羔羊。牧羊人好幾次請獵人把狗關好，但獵人都不以為然，口頭上雖然答應了，但沒過幾天，他家的獵狗又跳進牧場橫衝直撞，咬傷了好幾隻小羊。

終於牧羊人忍無可忍了，去找鎮上的法官評理。聽了他的控訴，明理的法官說：「我可以處罰那個獵人，也可以發布法令讓他把狗栓起來。但這樣一來你就失去了一個朋友，多了一個敵人。你是願意和敵人作鄰居呢？還是和朋友作鄰居？」牧羊人想了想答道：「當然是朋友了。」

於是法官給牧羊人出了個主意，既可以保證他的羊群不再受騷擾，而且還可以贏得一個友好的鄰居。一到家，牧羊人就按法官說的挑選了三隻最可愛的小羔羊，送給獵人的三個兒子。看到潔白溫順又可愛的小羔羊，孩子們如獲至寶，每天放學都要在院子裡和小羔羊玩耍嬉戲。因為怕獵狗傷害到兒子們的小羔羊，獵人就做了個大鐵籠，把狗結結實實地關了起來。從此，牧場主的羊群再也沒有受到騷擾。

獵人因為牧羊人的友好，開始送各種野味給他以作為回謝，牧羊人也不時用羊乳酪回贈獵人，漸漸地兩人成了好朋友。

其實同事之間也是如此。同事之間由於經歷、立場等方面的差異，對同一個問題，往往會產生不同的看法，引起一些爭論，一不小心就容易傷和氣，如果在這些小事上不能正確對待，就容易形成溝壑，從而影響到工作和生活。但是，同事之間有了矛盾並不可怕，同事之間也最容易產生利益衝突。只要自己能夠擺正心態，嘗試著拋開往日的成見，積極採取措施去化解矛盾，同事之間仍會和好如初，甚至比以前的關係更好。而且和諧的同事關係會讓你的工作和生活都變得更簡單，更有效率。

智慧品人生

「退一步海闊天空，讓三分風平浪靜。」同事之間經常會出現一些摩擦，如果不及時妥善處理，就會發展成大矛盾。俗話說：冤家宜解不宜結。當問題出現時，我們不妨從自身找找原因，放下成見，化敵為友，避免矛盾的激化。和諧的同事關係對我們有百利而無一害，與同事和睦相處，你在別人心中的分量也會上一個臺階。你工作起來就會得心應手，會成為一名優秀的主管，一名優秀的員工，事業成功的機遇就多！如果同事間關係處理不好，有可能會給你平添許多麻煩和困惑，工作不能順利展開，甚至把自己搞成辦公室裡讓人鬱悶的「炸彈」。所以人際關係的和諧不僅僅是一種生存的需要，更是工作上、生活上的需要。

7．學會淘汰自己

與其被淘汰，不如自我更新。——周穎南

在這個「物競天擇，適者生存」的社會，我們要想生存，要想在這個社會立足，就要有自己的立足之本。

企業中流行著這樣一句話：要想成為行業的龍頭，就要學會不斷地淘汰自己的產品。一家企業要在市場中總是占據主導地位，那麼就要做到第一個開發出新一代產品，第一個淘汰自己現有的產品。美國的太陽微系統公司就是一家以不斷淘汰自己產品和不斷創新取勝的公司。它的成功在於不斷創造新產品，及時淘汰老產品，使成功的新產品儘快進入市場，使之形成新的市場和產品標準，從而掌握製定遊戲規則的權利，正是這為他贏得了廣闊的發展空間。在這個競爭異常激烈的社會裡，淘汰自己的產品是不可避免的。與其讓別人迫使你的產品淘汰，還不如自己淘汰自己的產品。而這種法則的優勢是可以審時度勢，在競爭中占據主動。做人亦是如此。

想要不被社會淘汰，就要先學會淘汰自己。用「淘汰自己」的精神去學習。每天逼自己做一點困難的事情，也就是「每天淘汰你自己」，即把前一天的自己放棄掉，然後把新的元素填滿自己的人生。不斷地進步，不斷地超越。

每天淘汰自己，淘汰昨天的自己，把握今天，為明天創造成功的元素，把一天當做一生。

淘汰自滿，以求完善

在美國ＮＢＡ職業籃球隊中，我們最熟悉的就是籃球飛人——喬丹。他之所以能夠獲得如此的成績，是因為其教練的一句話，正是這句話改變了他的一生。

當時，喬丹還是個不太知名的普通球員。在取得一場比賽勝利後，喬丹和同伴們沾沾自喜地暢談勝利的過程，而教練卻未露出過多的勝利的笑容。他把喬丹叫到一旁，並沒有像喬丹想像中的那樣誇獎他，反而對喬丹進行了很嚴厲的批評。其中的一句話使喬丹永銘於心：「你是一個優秀的隊員，但今天的比賽場上，你發揮得極差，完全沒有突破，你離我想像中的喬丹還差很遠。你要想在美國籃球隊一鳴驚人，必須時刻記住——要學會自我淘汰，淘汰昨天的你，淘汰自我滿足的你，否則你就不會有尋求完善的心……。」

喬丹謹記教練的這句話，在不懈地努力下，他的球技得到了迅速地提高，終於進了芝加哥公牛隊。後來成為全美國乃至全世界家喻戶曉的「飛人喬丹」。喬丹的成功，正是因為他不斷地進行自我淘汰，不斷地淘汰自身的不完美，走向輝煌。

「每天淘汰自己，不斷地自我更新，自我挑戰」，曾為世界首富的比爾．蓋茲就是靠這樣的精神與信念獲得了今天的成就。他不會因為世界首富的光環就滿足於現狀，在他的理念中，與其讓競爭對手開發新的作業系統挑戰它或者取代之，不如先自我淘汰，這樣，不但能夠領先市場，主導市場甚至於壟斷市場，同時也讓對手難以跟上。聰明的人會最先掌握這種通向成功的有力法寶，明智地與時俱進，做行業的主流。

失敗不是成功的最大敵人，自滿才是。對於稱讚自己的人，要視作鼓勵自己的人。但是這並不等於自己就像所鼓勵的話一樣，可以得到一百分，得到成功。自滿的人的路是短的，因為當別人還在繼續向前跑的時候，他卻以為已經到達終點了，完全不知道自己已經被拋在後面了。所以，我們要做的，也是最不容易做到的，就是狠心地把自滿淘汰，把沉浸在昔日輝煌成就中的心淘汰掉，不斷地為自己充電，使自己能夠有足夠的資本可以再造輝煌。

所以，當你沉淪於花天酒地、安於現狀的時候，請不要忘乎所以，要時刻提醒自己，歷史的腳步不會因為你的稍停片刻而停下腳步等你跟上。它正在一秒一秒的從你的身邊悄然離去。如今的社會，不是自己淘汰自己，就是被別人淘汰，這就是職場「進化論」。這也是職場唯一的生存法則。

精益求精，完善自我的存在價值。成功總是垂青於有準備的人。永遠不要相信自己已經是第一，已經無敵。這個世界上沒有永遠的第一，你只有不斷地完善自己，才能擁有屬於自己的成就，成為自己心中的第一。

淘汰自卑，走向成功

在美國一家石油勘探所有這樣一個青年，他在大學畢業後工作了兩、三年就有了不凡的成就。有一次，他聽說公司要舉辦一次提高效率的培訓課程。要讓包括他在內的幾個人選公開競選，做開課演講及負責這個培訓課程。知道這個消息後，他頗受啟發和鼓舞，心情為之振奮。公司很多高層人員都想要得到這份美差，因為通過這份差事可以讓公司更好地認識自己，瞭解自己的能力和水準，這是以後晉升與發展的絕佳機會。回到家中之後，他即興寫了一篇演講稿：「所有的成功者之所以會有那樣的成就，是因為他們掌握了成功的第一要訣——自信。儘管他們的出身、學歷、境遇、職業和個性等等各不相同，但有一點是共同的——一定要自信！」

可是，這樣的狀態並沒有維持多久，他又變得情緒低落了。他想，另外幾個人選，都比他的學歷高，不是博士就是碩士，只有他一個人是大學學歷，怎麼可能會選上他呢？因此，他終日無精打采，情緒低落，而且還影響到了手頭上的工作……。

不用評選，結果不是已經一目了然了嗎？

是的，想要成功就必須學會淘汰自己。可是故事中的青年淘汰的對象錯了，他把人最可貴的自信給淘汰了。留下了本該淘汰的自卑。由於他的自卑，致使自己沒能把握住這次機會。如果這樣下去，他永遠都不會有晉升的機會。誠然，沒有比較就沒有進步，但是比較並不是最終的目的，最重要的是我們要善於從比較中，發現自己的劣勢，試著「淘汰舊思想」「淘汰自己的自卑感」，淘汰一些舊的東西，只有這樣才能以全新的面目、真正的自我去工作，贏得本可能屬於自己的成功。

學會淘汰自己，是要你放下無謂的堅持，這樣只會消磨你的意志，終究會迷失自己。學會淘汰自己，並不是要否定自己的成就，而是要你去積攢更強大的力量贏得更大的成就。

智慧品人生

要想做到不被社會淘汰，你就必須用「淘汰自己」的精神去學習。當你的思想已經處於飽和狀態，那麼就只有淘汰掉一些不好的、消極的元素後，才有空間去填充新的東西。學會淘汰，就是要學會淘汰成長的羈絆；學會淘汰，就是要學會淘汰自豪時的自滿；學會淘汰，就是要學會放棄無知時的愚昧；學會淘汰，就是要學會淘汰人性中的自私與無知。每天淘汰自己，再不斷為自己充電，完善自己，這樣不斷地自我更新，才能在穩定中求發展，減少被別人淘汰的機會。

在官場中如果不懂得捨得，不能以捨為得，那麼你就只能懷才不遇，壯志難酬。

一個人生活在世上，想做一番事業，必須要有所選擇，官場中講的「有所不為，才能有所為」、「退一步海闊天空」，這些先人的切身體驗總結起來就是捨得。

第十章

官場浮沉，博弈於取捨之間

1．放下架子天地寬

不要以為你有九龍花椒那麼大的官，就要擺出九龍犛牛那麼大的架子！——九龍

說起來真是什麼「架子」都有，如：名人有名人的「架子」，富人有富人的「架子」，學者有學者的「架子」，甚至一些特殊的行業也各有其不同的「架子」。而在這些「架子」中，其影響最大、最受人議論的當屬「官架子」了。

官場文章做起來是不分國界的，也是不分時代的。為官者大都有：行為舉止擺官架子，說話打官腔，處處都要顯示自己是個「官」，凌駕於老百姓之上。那些熱衷於擺架子的人，總是希望別人對之敬畏三分，別人捧著、哄著他。於是，迎來送往，官場「架子」就多了起來，鬧得其他人也難得有讀書的閒暇。也正是因為有這樣的官架子，才有了很多的貪汙受賄的機會，才有了更多的犯罪機會，他的道路也就越走越窄。若想擁有天地寬的境界，唯一的一點就是「放下架子」。

正確對待自己的「架子」

孟子在齊宣王的朝堂裡當了幾年的清客，有了一些名氣。後來孟子在離開齊國的途中，

有一個齊國的大夫，為了能留住孟子，沐浴齋戒，對他十分友好，他卻對人家毫無禮貌，靠著桌子打起瞌睡來，擺足了架子，最後還說，朝廷若要重用他，就要國君把他當做老師，再派兩三個有學問的人伺候他。這就是我們所敬仰的孟老，他就是如此給自己訂做了一個大架子。

當然，孟子是一個堪當重任的人，他所謂的「天將降大任於斯人也，必先苦其心志、勞其筋骨……。」說明要成長為一個能大有作為的人，必須接受來自生活各方面的艱苦磨練。官架子是人的心理問題，是每一個人都不可避免的，擺架子是一種希望自己被他人尊重稱讚而得到的滿足感，是種欲望，如果自身能夠正確對待，發揮在追求上進、探求未知世界等方面，那是值得所有人崇敬和羡慕的事。

官架子如紙老虎

俗話說：「牛大馬大值錢，人架子大了不值錢。」人們瞧不起逞威風、擺架子的人。那些犯「官癮」的人，以他們的「架子」拉大了黨、政府和人民群眾的距離，疏遠了黨群關係，堵塞了黨和政府「納諫」的言路，他們長此以往只會成為眾人唾棄的孤家寡人。事實上，現今我們的某些官員又何嘗不是時時刻刻在擺「官架子」呢？外出視察，或下基層，總是轎車一台接著一台，前呼後擁，做足了表面文章，逞足了威風。

亞伯拉罕·林肯是美國第十六任總統，領導了拯救聯邦和結束奴隸制度的偉大鬥爭。儘管他只有在邊疆受過一點初級教育，擔任公職的經驗也很少，然而，他那敏銳的洞察力和深厚的人道主義意識，使他成了美國歷史上最偉大的總統之一。

一八六〇年，林肯作為共和黨的候選人，參加了總統競選。他的對手是民主黨人道格拉斯，道格拉斯是個出了名的大富翁。在美國，競選勝敗是靠燒錢得來的，按理說，勝出的應該是道格拉斯，但是他卻失敗了。失敗的原因是他在演講過程中逞威風、擺架子，做足了官場文章。道格拉斯租用了漂亮的競選列車，在車後安上一尊大炮，每到一地鳴炮三十二響，加上樂隊奏樂，聲勢之大蓋過歷屆的所有競選活動。道格拉斯狂傲地宣稱：「我要讓林肯這個鄉巴佬聞聞我的貴族氣味！」

林肯這樣接受著挑戰，他沒有專車，而是買票乘車去各地。到演講場所，他乘的是朋友為他準備的農用馬拉的車。他發表了感人至深的演講：「有人問我有多少財產。我有一位妻子和三個兒子，都是無價之寶。此外租有一個辦公室，室內有桌子一張，椅子三把，牆角有個大書架，架上的書值得每人一讀。我既窮又瘦，臉蛋很長，不會發福。我實在沒有什麼可依靠的，唯一可依靠的就是你們。」

官場中歷來流行擺架子、比排場。社會發展到現在，有那麼一些官員，因受封建「官念」的影響太深，仍以人民的「父母官」自居。臺上拿腔作調講「官話」，而台下則扭捏作態邁「官步」，有的則人車未到電話先行，每到一地興師動眾，前呼後擁，煞是熱鬧。但如今這個時代，再去做官樣文章，再去顯擺自己，只會讓自己的官路更接近終點。應該學學林肯，因為你的威信不是靠做官場文章和顯擺自己得來的，而是「依靠」人民群眾得來的。人人心裡都有一桿秤，這秤來自老百姓。

智慧品人生

「擺架子」是等級觀念的反映，是舊社會的官場習氣。但是，權威不是與權力大小或掌權者的官架子大小成正比的。領導權威大小取決於領導者在被領導者心目中的認可度、接受度。如果群眾不認可，不接受，你地位再高，權力再大，也不可能有權威。相反，還會被群眾所拋棄。所以，要在官場中長期生存，得到人民人認可，還是要放下你的架子。放下架子，天地會更寬闊。

2.「出世」和「入世」，心態決定成敗

那些相信自己能「移山」的人一定會成功，是信心激發了他成功的原動力；而那些相信自己不能的人，就只能做到他們所相信的程度。

——大衛・史華茲

市場經濟的迅猛發展雖然促進了國民物質利益的豐富，但同時也導致了國民精神中原有的價值觀念與信仰體系的解體，人們開始從過去的一體化的價值觀和信仰中分離出來，一時不免顯得有點迷亂，於是人們各自渴望尋找適合於自己棲居的精神家園。說到底這就是一個心態問題，不要總認為「瘦死的駱駝比馬大」。人們常說：「為官一時，做人一世。」其實，無論做人還是為官，都要擺正心態，保持平和之心。居廟堂之高而不傲，居村野之閑而不卑，於官場濁流中尋找內心的一絲清泉，於滾滾紅塵中享受無欲的快活和寧靜的幸福。

播下一種心態，收穫一種思想

無論是做任何一件事情，人的心態很重要，特別是在風雲多變的官場裡。眾所周知，事物都是雙面性的，問題就在於當事人用怎樣的心態去對待它們。同樣的事，不同的人就會有不同的觀點，結果可能是相差甚遠。也許有的人成功了，而有的人卻一敗塗地，有的

人喜而有的人憂。從不同的心態去考慮同一件事情，人的心態不同，處理事情的方法不同，所做事情的效果也就大相徑庭。

曾有這樣一個故事，有一位國王，一天他做了一個夢，夢見山倒了，水枯了，花也謝了。他一直想不通這是怎樣的一個預兆，非常的苦惱。於是，便叫來日夜守在後宮的王后給他解夢。王后聽完後很恐懼的說：「大王，大事不好了。你夢見山倒了，那不就是指江山要倒了嗎？水枯了指民眾離心，人們常說，百姓是水，君是舟，水枯了，舟也不能行了；花謝了指好景不長了。大勢不好啊。」國王聽後驚出一身冷汗，從此患病，且愈來愈重。一位大臣要參見國王，國王在病榻上說出他的心事，同樣也給大臣講了他做的那一個夢，並把王后的分析講給他聽，哪知大臣一聽，大笑說：「太好了，山倒了指從此天下太平；水枯指真龍現身，國王，你是真天子；花謝了，花謝見果子呀！」國王聽後全身輕鬆，病很快痊癒。

對待同樣一件事物，如果我們不看消極的一面，只取積極的一面，那這就是積極健康的心態；美國成功學學者拿破崙．希爾對於心態的意義說過這樣一段話：「人與人之間只有很小的差異，但是這種很小的差異卻造成了巨大的差異！很小的差異就是所具備的心態是積極的還是消極的，巨大的差異就是成功和失敗。」是的，一個人面對失敗所持的心態往往決定他一生的命運。一位偉人說：「要麼你去駕馭生命，要麼生命駕馭你。你的心態決定誰是坐騎，誰是騎手。」說的就是這個道理。

心態決定成敗

人們常說：「人在江湖身不由己」，同樣，也有人說「人在官場身不由己」。雖然多數人是抱著為官一任，造福一方的心理。但是有一些人的心態卻是官越大越好，權越重越好，錢越多越好。未做官時就像是在平地上，一旦進入官道，彷彿身上綁了無數個氣球，一個個地吹，越吹越大，官位節節上升，吹大的氣球越多，官位就越高，權力就越重，金錢就越多。然而，隨著高度的不斷上升，氣壓越來越低，膨脹到一定的程度，氣球就會爆破，官也就會從天上落到地面，甚至摔到地底。其實，這就是人的心態問題了，人總是「貪」字當頭，這也直接地決定了他的沉與浮。另外，心態在很大程度上決定了我們人生的成敗：我們以什麼樣的心態對待生活，生活就怎樣對待我們。我們以什麼樣的心態對待別人，別人就怎樣對待我們。在著手完成一項任務時，我們開始抱有什麼樣的心態，便決定了我們最後有多大的成功。

雷．克洛克，他從一出生，命運就一直在跟他開玩笑。但是，他成功了，他的心態，他的熱情，造就了他的成功。按理說，讀完中學就該上大學，可是一九三一年的美國經濟大蕭條使他陷入貧困而和大學無緣。後來他想在房地產上有所作為，好不容易才打開局面，不料第二次世界大戰烽煙四起，房價急轉直下，結果是「竹籃打水一場空」。為了謀生，他到處求職，曾做過救護車司機、鋼琴演奏家和攪拌器推銷員。就這樣，幾十年來低谷、逆境和不幸伴隨著雷·克洛克，命運一直在捉弄他。然而，雷·克洛克雖然屢遭挫折，其熱情依舊高漲，執著追求。一九五五年，在外面闖蕩了半輩子的他回到老家，賣掉家裡少得可憐的一份產業做生意。這時，雷·克洛克發現理察·麥當勞和莫里斯·麥當勞開辦的汽車餐廳生意十分夯。經過一段時間的觀察，他確認這種行業很有發展前途。當時雷·克洛克已經五十二歲了，對於多數人來說這正是準備退休的年齡，可是他卻決心從頭做起，到這家餐廳打工，學做漢堡。麥氏兄弟的餐廳轉讓時他毫不猶豫地借債兩百七十萬美元將其買下。經過幾十年的苦心經營，麥當勞現在已經成為全球最大的以漢堡為主食的速食公司，擁有一萬多家連鎖店。據統計，全世界每天光顧麥當勞的人至少有一千八百萬，年收入高達四點三億美元。

現實中做人做事也是很難把握的，要善用你的天賦，每個人是自己命運的主人，積極的心態使你充滿力量，去獲得財富、成功、幸福和健康，攀登到人生的頂峰；而消極的心態卻把一切讓你的生活有意義的東西剝奪得一乾二淨，在人生的整個航程中處於「暈船」的狀態，對將來總感到失望。世上的事，只有更好，沒有最好。當然，老老實實做人，踏踏實實做官，誠誠實實為民辦事，才是最穩當的。

智慧品人生

在今天的生活中，我們提倡構建「和諧」社會。人類要建立和諧社會，不僅要追求與大自然的和諧、人與人的和諧，還要追求人與自身的和諧。特別是對於個體的人來說，現實中有許許多多的誘惑與矛盾需要靠人們自身的心靈去調適、去安妥。人必須有一個能產生和諧的「心靈源」，要能在萬象繁複的矛盾衝突中尋求「寧靜」與「平和」，以期達到與宇宙萬物及自身的「融合」狀態。進退流轉是官場生活的常態。進則喜，退則憂，也是人之常情。鄉下人的幸福感比城市人高些，為什麼物質條件不能與幸福感成正比，這都是心態在起作用。但人要學會調節、學會想開。因為總有你退的時候，不會總是風光無限。若因此而產生情緒，甚至把情緒帶到工作中，這樣將會失去同事對你應有的理解和尊重。還不如好好調整心態，來個官場的完美收官。

3．才華顯露，適可而止

鋒芒畢露，為當權者所嫉，亦為同事所嫉，前者擔心有人爭權，後者出於嫉妒。

——曾國藩

俗話說：「槍打出頭鳥」、「人怕出名豬怕肥」，無非是想告訴人們，作為一個有才華的人，尤其是一個才華橫溢的人，在為人處事時，不能太顯露自己的鋒芒。那有人就會問，生活在這個社會，不去顯露自己的才華，怎麼會得到他人的重用，又怎麼去成就自己的事業呢？這裡所說的不是讓人一點也不顯露自己的才華，而是露才一定要適時、適當。一個人如果時時處處才華畢現就會招人嫉恨而受到打擊和陷害，要知道當你在施展自己的才華時，也在埋下危機的種子。真正的智者明白龍蛇屈伸之道，懂得掌握顯露才華的尺度，該顯則顯，該收則收，才華顯露要適可而止，明則成就事業，暗則保身。

鋒芒畢露，禍事多

在電視劇裡、官場裡我們不難見到這樣一些人：不管做什麼事，總想表現自己，讓所有的人都知道他很有才、很聰明，喜歡對他人做的事提自己的意見，他們或許才華橫溢，但他們往往都不是官場的成功者，甚至還沒有平庸之輩混得好，究其原因，過分顯露自己一則會遭人嫉妒，二則不能融於團體，與他人搞好關係，可想誰會喜歡和一個滿身銳氣的人共事，三則讓他人有危機感，認為你有搶功之嫌，結合這幾點，過於鋒芒畢露的人，終不會是一個成功的人。

縱觀古今中外，有幾個鋒芒太露的人是成功人士，有的還因鋒芒畢露而惹禍上身，甚至為之而丟掉性命。

李廣，一生與匈奴大戰七十多次，是漢朝的一位令匈奴聞之喪膽的大將，為國家立下汗馬功勞，可就是這樣一位建立了豐功偉績的人最後卻以自刎結束了自己的生命。追根究底，他的死離不開他才華的鋒芒畢露和功成名就後的藏拙露鋒。眾所周知，楊修為曹操主簿，博學能文，才思過人，但他的一身才華還沒有用到真正的地方時就被一代奸雄曹操給殺害了。究其原因也是他在不適當的時候讓自己的才華過於暴露，不懂得適時藏鋒。

有才華有鋒芒本是好事，是人成就大業的基礎，但縱觀所有鋒芒畢露的有才華之人，總是一副趾高氣揚、不可一世的傲相，做事爭先，行事高調，喜歡把自己的聰明外露，更易為點小功而驕傲。但要知道，一束帶刺的花縱使讓人喜歡，但更會讓人為之遠離，所謂物極必反，鋒芒可以刺傷別人，也會刺傷自己。鋒芒畢露者容易遭人嫉妒，容易讓上司很沒有面子，自己大意時，更容易將自己的缺點與劣勢暴露給對手，這樣，被惡人穿小鞋就在所難免了。

成功的大智者懂得藏鋒露拙，待時而動，自己的才華與鋒芒平時都含而不露，當需要時，適時地顯露自己的才華，成就一番大事，在成功後懂得急流勇退，捨得功名利祿。所謂「花要半開，酒要半醉」，當你志得意滿時，且不可趾高氣揚、目空一切、不可一世，要戰勝盲目驕傲自大的病態心理，凡事不要太張狂、太咄咄逼人，讓才華含而不露，適可而止，有所節制，在有效地保護自我後，又能充分發揮自己的才華，這便是瀟灑走官場的一條重要原則。

有志於做大事業並有才華的人就應該裝糊塗時一定要裝糊塗，過分外露自己的才華只會導致自己的失敗。

收斂鋒芒，大智慧

諸葛亮在輔佐劉備創業時可謂是鋒芒畢露，盡顯自己滿腹經綸和才華，為劉備描繪出三分天下而有其一的藍圖。但讀過《三國演義》的人都知道，劉備死後，諸葛亮就不像以前那樣運籌帷幄，盡顯鋒芒了。我們知道，劉備死後，阿斗繼位，但阿斗卻不像他父親那樣有才智，其懦弱無能不思振作。按理說，這時的諸葛亮不是要更加發揮自己的才智，待在新主身邊輔佐他嗎？但他卻將鋒芒大為收斂，故顯自己老而無用，其中的韜晦之計，收斂鋒芒就是諸葛亮的大智慧了。

劉備曾當著劉禪的面對諸葛亮說：「如果這小子可以輔助，就好好扶助他；如果他不是當君主的材料，你就自立為君算了。」諸葛亮一聽便知其意，頓時冒了虛汗，手足無措，哭著跪拜於地說：「臣怎麼能不竭盡全力，盡忠貞之節，一直到死而不鬆懈呢？」直叩得頭流血。可想，諸葛亮的功勞再大，劉備也不可能把國家讓給他，他說讓諸葛亮為君，只是要試試他，怎知沒有殺他的心思呢？諸葛亮當然明白，從此就行事謹慎，鞠躬盡瘁，收斂鋒芒，以免禍及自身。

這就是官場智者的大智慧，懂得何時顯露，何時收斂，顯露時大顯身手，收斂時保身保命。每個人的人生路都不會是一帆風順的，也不可能一輩子春風得意，在你人生高潮時，不能大意，要能預防將來可能遭到的禍害，而在人生失意的時候，更要收斂鋒芒，免得落個身敗名裂的結果。

官場，是一個天然的獵場，更是一個弱肉強食，黨同伐異的地方，擁有才智和能力對於一個進入職場的人是很重要的，但才華有時也能毀掉一個人的事業和前程。一個太擅辭令，有滔滔雄辯才華的人，如果在不適當的場合不懂收斂，他將面臨失敗的危險。

蕭何計誅韓信後，劉邦對他更加恩寵，除對蕭何加封外，還派了一名都尉率五百名兵士作相國的護衛，很多人都來祝賀，蕭何自己也非常高興。這天，蕭何在府中擺酒席慶賀，喜氣洋洋。朝中大臣見蕭相國如此受高祖寵信，紛紛前往蕭何府上祝賀。唯有一個名叫召平的人，卻身著素衣白履，昂然進來弔喪。蕭何見狀大怒道：「你喝醉了嗎？」召平對蕭何說；「公將大禍臨頭矣。皇上在外餐風露宿，而您長年留守在京城，您既沒有什麼汗馬功勞，又沒有什麼特殊的動績，皇上既增加公之封邑，又為公設置警衛，這看似是對您的寵愛，實際上是皇上在監視您、防範您。您不見淮陰侯韓信的下場嗎?願公上書辭讓封邑和警衛，並將家中私財悉數捐出以佐軍資，以解除皇上心中疑忌。」蕭何一聽，恍然大悟，深以為然，立即採納了他的建議。第二天早晨，蕭何便急匆匆入朝面聖，力辭封邑，並拿出許多家財，撥入國庫，移作軍需。劉邦見此，果然消除了對蕭何的懷疑，更加獎勵有加。蕭何的明則收斂，暗則保身的智慧實屬官場上典範。

總之，無論在哪裡，有什麼官職，做人做事都不能鋒芒畢露，因為人人都有虛榮心，尤其是對於新人，剛進一個單位，就像一粒石子投入一潭平靜的池水，往往會引人注目，一舉一動，一言一行，都在別人的視野之中。當別人看到你的才華時，為了保護自己的地位不受到侵犯，就必定會針對你，處處與你作對，阻礙你前進。

智慧品人生

現實就是這樣，如果你不懂得毛遂自薦，不露鋒芒，你將永無出頭之日，但如果你鋒芒太露，又會招人陷害，在自己施展才華時，為以後埋下禍根。但真正的智者卻能在顯露才華後，保身立命，還能受到他人的尊敬和愛戴，這其中的大道理就在於他們懂得顯露才華適可而止。所謂「花要半開，酒要半醉」，就是鮮花盛開的時候，即使不是立即被人採摘而去，也是衰敗的開始。

在官場上，即使你有非常出眾的才智，也一定要謹記：不要把自己看得太了不起，不要把自己看得太重要，不要把自己看成是救國濟民的聖人君子，要知道天外有天，人們都是喜歡競爭的，該收斂時就收斂，切勿光芒晃人眼，最後害了自己。

4．適時退讓，加快前進

進則安居以行其志，退則安居以修其所未能，則進亦有為，退亦有為也。——張養浩

用兵有言，吾不敢為主而為客，不敢進寸而退尺。其實就是告訴人們，人不能只鑽牛角尖，如果常常一條道跑到黑，還自以為是，不懂得妥協，做事不留餘地，那不是勇猛，而是一種偏執自負的妄念，其結果只能把自己逼進死巷子。俗話說：「柔能克剛，滴水穿石」，讓步其實只是暫時的退卻，是為了進一寸而必須先做出退一尺的忍讓，是為了避免吃大虧而吃的小虧。

適時而退是一種智慧，更是一種謀略。前面的世界固然寬闊但充滿紛爭，所以在人生無法前進時，要懂得回頭、退讓，為自己找退身的餘地。人們常說大丈夫能屈能伸，我們要想成就一件事情，很多時候是需要匍匐前進的。

主動退讓是一種變相的前進

人們常說：「人往高處走，水往低處流。」人不管做什麼事，總是在要求自己只能進步，而不能後退，這樣的理念就使一些人，不顧一切地拼命向前衝，永不疲倦。他們對自己的

能力、學識充滿自信，他們風雨兼程、永不停息地往前趕，認為只有這樣才是一種「進」，才能事業有成，取得勝利；即使在人生不如意，遇到困難時，他們的信念還是前進、前進，但卻不知道有時候也要「停下來」或者「退幾步」，看看自己走的路是否正確，是否直。其實，適時地退讓，也是一種智慧，是為了讓自己更好地前進。

常言道：「忍一時風平浪靜，退一步海闊天空。」退步並不是一種懦弱的表現，不是認輸的昭示，而是一種睿智，它是為了更好的積蓄力量為前進作準備，適時退步能讓人冷靜下來思考問題，暫時地休養生息，暫時的忍讓退卻更能使我們快速地駛往人生成功的道路。

就像兩個拳擊手對打，一個霸氣逼人，揮拳猛擊，而另一個卻以退守為主，一味讓之。在對方一陣猛攻猛打後體力不支時，退者則看準機會，一拳擊敗對方。就像形成海嘯之前的海浪，它們所做的通常也是先後退，但它不是為了退而退，而是為了積蓄更大前進的動力，逐漸退一步，是為了進兩步，以退為進，此乃上策。如果自知自己的實力不足，那就要避開對方的鋒芒，採取忍讓的策略，養精蓄銳壯大實力，等待時機再和對方周旋。所以無論在做什麼事時，遇到困難時，以退為進是最好的方法，退後的人也同樣會收穫到前進的成果，待到關鍵時刻，再勇往直前，你將會收穫更多！

退，一種闊達的心態

在生命旅程中，人人都想出人頭地，出類拔萃，但生活是現實的，人生中很多東西都不是我們所能控制的，所以要有一顆豁達的心，懂得退一步看人生的得與失，在你後退一步的時候，說不定眼前就會有另一種風景。

人不僅要有「進」的勇氣和實力，也要有「退」的大度和智慧。有時候，不刻意追求反而更容易得到，追求得太迫切、太執著反而只能白白增添煩惱，讓到手的幸福輕易溜走。就如鋪在地面上的兩個石板，它們之間就要留有一定的空隙，不要小看這一條細細的縫，如果沒有它的存在，兩塊石板就不能安然相處。就像跳高運動員在起跳前，都會退到離跳高架很遠的地方，鼓足力氣加大衝力，成功的希望就會更大。就像農夫插秧，「手把青秧插滿田，低頭便見水中天。心中清靜方為道，退步原來是向前」，一邊插秧一邊低頭後退，如果是往前走，只會踏倒稻秧，而無法插秧了。

我們生活中的每一件事，不可能讓人全都滿意，在遇到一些挫折的時候，不妨停下來，不妨後退一步，看看自己以前走過的路，退一步看人生的不順和挫折，退一步看人生的功名利祿，尋找一種海闊天空的人生境界，你會發現人生照樣美好，天空依然晴朗，世界仍是那麼美麗。

所以當你因一件小事而變得鬱鬱寡歡的時候，當你的心因小小的矛盾而變得動盪不安的時候，何不忍一忍，往後退幾步，那麼你的心情會很快變得風平浪靜，眼前的海闊了，天也空了，這樣不是讓你更能「前進」嗎？難道非要在波濤洶湧時衝過去不可？退不代表是畏縮和妥協，「退幾步」能增進人與人之間的感情，「退幾步」能讓你擁有更豁達的心境，只要你懂得退的智慧，你將前進得更快，更順利。

退，是一種練達的生活態度，也是進的必需選擇。

智慧品人生

退一步海闊天空的道理誰都懂，但不知有幾人能真正做到這一點？自古以來，人的進退，本來就是件不容易弄明白、不容易處理的事，人人都知道努力的進，但卻忘記了「進」的同時還需要「退」做鋪墊。因為人們嚮往著高官厚祿，幸福榮華，所以就拼命地前進，而在碰得頭破血流的時候也不知道後退一步。其實，在「退」上欠火候時，就會使你一生功績毀於一旦，身敗名裂，遺恨終生！人生不僅要「退」還要退得主動，退得有條不紊，身退而心不能退。不能被眼前的困難擊倒，退後而一蹶不振，而是把每一步後退當成人生成長的契機，當成天降大任前的歷練。靜心反省，苦練內功，積蓄力量，為下一次前進創造條件。

5．糊塗中顯大智慧

人不會裝糊塗，就不懂如何生活；裝糊塗既是盾，刀槍不入；又是箭，什麼盾也擋不住。

——阿雷蒂諾

人生難得糊塗，貴在糊塗，樂在糊塗。古今中外，立身處世，是離不開聰明和智慧的，但聰明與智慧有時卻是要通過「糊塗」來體現的。鄭板橋說：「聰明難，糊塗難，由聰明轉入糊塗更難。」人的聰明有大小之分，糊塗有真假之分，人們常說一個人小聰明大糊塗是真糊塗假智慧，而大聰明小糊塗乃假糊塗真智慧也。的確，人玩小聰明很容易，但想把這大智慧隱藏於糊塗之中就難了，所以說，糊塗是一種智慧，更是一門學問。

聰明、糊塗，智與愚？

每個人都想做一個精明的人，都不願被人稱為老糊塗。一般在我們的印象裡，如果說一個人糊塗，多是指他的腦子不清楚，不明事理，盡說糊塗話，做糊塗事，但我們這裡所說的「糊塗」並不是真的糊塗，而是一種做人的智慧，一種精明的大智慧，一種超越智慧的大境界。

人生就像是個萬花筒，人們在為人處事時要有足夠的聰明智慧來權衡利弊，以防不測，但也要有以靜觀動，守拙若愚的糊塗心態。聰明是天賦的智慧，糊塗是聰明的表現，人貴在能集智與愚於一身，需聰明時便聰明，該糊塗處且糊塗。而在官場上的人更要能大能小，做到該清醒的時候清醒，該糊塗的時候糊塗。如果沒有這種「糊塗」的聰明，不僅會沒有立足之地，寸步難行，而且稍不留神，還會給自己招來殺身之禍。

俗話說：水清無魚，人清無友。說的就是要把目標放在大事上，對那些小事不能太過於「認真」，要能做到糊塗做事，精明做人，這樣才能不成為碌碌無為的平庸者，也不會成為狡猾奸詐的小人，才能在做人做事時如魚得水，左右逢源。

古時候，孔子東游時，感覺腹中饑餓，就對弟子顏回說：「大家肚子都餓了，前面有家飯館，你去討點飯來吧！」顏回進到飯館，對店家說明，沒想到店家答應了，但有一要求。

顏回忙道：「什麼要求？」

店家說：「我寫一字，你若認識，我就請你們師徒吃飯，若不認識，亂棍打出。」

顏回笑著答：「主人家，雖我不才，可我也跟師傅多年，別說一字，就是一篇文章又有何難？」

店家就拿筆寫一個「真」字讓顏回看。顏回哈哈大笑：「店家，我以為是什麼難認之字，此字我顏回五歲就識，不就是一個認真的『真』字嗎？你們也太欺我顏回無能了！」

但沒想到店主卻讓手下人把顏回趕了出去，還大罵他是無知之徒，敢冒充孔老夫子門生。

顏回委屈地回去向老師說了經過，孔夫子微微一笑，又帶著顏回來到店前，不等說明來意，就見店主把剛才寫的字拿出來，孔老夫子答曰：「此字念『直八』。」但店主卻樂呵呵地把他師徒請進店裡，請他們吃飽喝足。顏回很是不懂，就問：「老師，這字你不是教念『真』嗎？你剛才怎麼說是『直八』？」孔老夫子笑著說：「有時候，事是認不得『真』啊！」

是呀，凡事不能太認真，無關緊要的小事能閉一隻眼就閉一隻眼。其實，糊塗就是指大事精明，小事糊塗，教人捨小利而圖大善。一個人每天都要遇到或多或少或大或小的事情，生活中的矛盾是在所難免的。如果一個人總是為一些小事而過分計較，在乎太多的細節問題，不僅會自尋煩惱，還會讓他人厭煩。作為一個主管如果能做到「小事糊塗，大事精明」，那麼這位主管就會心胸開闊，不計較個人的得與失，為人慷慨大方，遇到人際紛爭時，能使大矛盾化為小矛盾，使小矛盾化為無矛盾，就可以時時處處有好人緣，還會給人一種可敬可親可愛的感覺，能贏得下屬的好感和信任，從而更有利於自己的工作。

生活中，對於一些原則性的問題，要保持頭腦清醒，毫不含糊，對於其他的該糊塗就糊塗，人生難得糊塗，能夠做到糊塗，也是一種大聰明。

糊塗中的大道理

「難得糊塗」歷來被推崇為高明的處世之道。「糊塗」讓外人看著覺得他很傻，但他心裡卻比誰都精明，可謂是大智若愚。

一家日本公司和一家美國公司的經理在談判。談判桌上，美方經理滔滔不絕地列出各種資料、材料來介紹自己的產品及報價，在長達兩個小時的談判中，日本商人始終一言不發地坐在那裡。最後，美方經理帶著自信的口氣問：「我講完了，你們有什麼想法？」他已做好迎接挑戰與反駁的準備，但沒想到的是日本商人彬彬有禮地說：「我們沒聽懂。」

美方經理呆了：「沒聽懂？你們哪個地方沒聽懂？我再詳細地說。」

「你講的全部，你能再講一遍嗎？」日本商人還是彬彬有禮地說。

美方經理的熱情受到了沉重的打擊，在最後的談判中，美方只得在價格上作了讓步。

試想，日本商人真的是沒聽懂嗎？根本不是，就這樣，「聰明」的美國商人輸給了「糊塗」的日本商人。日本商人只不過是利用糊塗來迷惑對方，從而達到成功的目的。

俗話說：「聰明反被聰明誤」。在現實生活中，人若精明，確能占得不少便宜，但太過精明，也必定會讓別人加以防範，讓你寸步難行。但善於「糊塗」的人卻能做人有人緣，做事有事緣，糊里糊塗卻總是笑到最後。所以說，真正聰明的人懂得適時裝糊塗，遇到事情時，就會是一副什麼都不知道，什麼都不清楚的樣子，讓一些事得過且過，在為他人行方便的時候，也讓自己有個好心情、好人緣。

其中，裝糊塗並不難，難就難在怎麼去把握這個標準，做到「該糊塗時糊塗，不該糊塗時決不糊塗」做到裝糊塗時他人也看不出。

人的一生中渴望得到的東西、想要做到的事情太多太多，並且每個人都被七情六欲牽制著，如何走向成功，關鍵還在於一個「捨得」！事實上，成功的人身上最重要的特質莫過於專注而有目標，因為得與失常常發生在一念之間，而機會也就在那一閃念間流失。所以，那些真正明白「捨得」真諦的人才會抓住成功的契機。

第十一章

捨得哲學，成功的黃金法則

1．拋棄心中的雜念

非淡泊無以明志，非寧靜無以致遠。——諸葛亮

現在很多人，雖然有時能確立奮鬥目標，但大都不能「拋棄雜念」，所以，三心二意，心猿意馬，不能靜，不能安，不能慮，也就最終不能有所得。而大凡成功者的經驗都有共通之處，其中「心無旁騖，專心做事做人」可以說是成功的先決條件，也可以說是「成功祕笈」。如果我們想要成功，就必須心無雜念，專心致志。

成功，把心靜下來

人生最好的境界是心靜。一個人的能力，唯有在心靜的情況下，才能發揮出最佳水準。安靜，是因為擺脫了外界虛名浮利的誘惑。當然，人是不能只靜不動的，即使能也不可取，否則就如一潭死水。你的身體盡可以在世界上奔波，你的心情盡可以在紅塵中起伏，關鍵在於你的精神中一定要有一個寧靜的核心。蜘蛛織網，織了好久，快要成功之際，一陣風吹來，吹破了網，蜘蛛重新織；第二次，蜘蛛又快成功之時，下雨了，淋壞了網，蜘蛛又從頭織；就這樣一次又一次，蜘蛛堅持不懈，終於織成了一張又大又結實的網。成事者心靜，心靜者

成事，古今皆然。

憑著「自考狂人」的稱號，讓人們記住了這個高中畢業一年就開始參加自學考試，創造了全國自考紀錄——一年通過二十三門的杜家遷。杜家遷是江蘇海州人，高考順利考進江蘇一所高校，開始了他的大學生活。然而他卻因為對所學專業不感興趣而對學習呈頹廢狀態。一次偶然的機會他接觸到了自考，發現有些專科是他喜愛的，從此就一頭栽進自考的海洋裡，一發不可收拾。杜家遷心中理想的職業是做個新聞工作者，為了實現夢想，他自考報名的第一個專科便是文學。與普通考生不同的是，除了文學，他還先後報了新聞、法律、廣告、律師、公共關係、行政管理六個專科。令所有人都感到驚奇的是，杜家遷居然能夠同時兼顧這七個專科，在四年時間裡通過了六十八門專業課。其中在二〇〇四年下半年他一下子就報考了十一門課程，二〇〇五年上半年又報考十二門課程，均一次性通過，並且分數都比較高，創造了全國自學考試一年通過課程的最高紀錄。很明顯杜家遷是成功的，然而他的成功卻不是因為他有特異功能，除了喜愛所學專業以外最重要的祕訣就是心靜、無雜念。用他自己的話說：「很多同學都說拿起書一點都看不下去，其實那只是浮躁在作怪，只要心無雜念，保持心靜，就肯定能看進去。我就是只要坐下來，便能馬上專注於學習。」所以，心靜是成功的一個必備條件。保持一顆靜心，擁有良好的心態，對於想成功的我們是很有必要的。這樣我們才會在一切困難與誘惑面前，做到心如止水，泰然自若，坦然面對！這樣我們才會認真選擇，一如既往地繼續奮進！

一個聾啞青年，學習畫畫，總是一個人在池邊呆呆地看金魚，每一個週末，他都會待在那裡看著，直到太陽下山才離開……，有一天，有一個小女孩驚奇地叫著：「看，魚遊到了他的紙上。」原來那青年畫的金魚栩栩如生，當一位作家把女孩的話寫給他看時，他寫道：「魚先游到我心裡。」我們再看當今世界，多少人為瑣事纏身不能自拔，多少人神經衰弱，多少人心理疾患頻頻發作，更有感情問題，人際關係問題，利益關係，雞毛蒜皮的小事……，然而畫畫的這個青年雖聾啞但靜心學畫，成功同樣來自靜心，一顆只有金魚的靜心。想必凡人之所以是凡人，就是因為生活瑣事太多，內心不能安靜，於是在處理瑣事的同時，自己的正事卻沒辦成，時間長了，越來越多的正事被耽擱，內心越來越難以平靜，於是天才成了天才，庸人成了庸人。所以，不管世界多麼熱鬧，熱鬧永遠只占據世界的一小部分，熱鬧之外的世界無邊無際，總會有一個安靜的位置。

心無旁騖，更易成功

瑞士鐘錶至今仍是世界上最精準的鐘錶。它的開創者與奠基人塔·布克，原是法國的一名天主教徒，因反對宗教統治流亡到瑞士，成為一名鐘錶匠。在自己的作坊裡，他製造的鐘錶日誤差低於百分之一秒。後來，他被捕入獄，被安排製作鐘錶。在失去自由的地方，他發現無論獄方採取什麼高壓手段，他都製造不出日誤差低於十分之一秒的鐘錶。他最終找到了原因，真正影響準確度的不是環境，而是製作鐘錶時的心情。製錶人在不滿和憤懣中，要想完成二百五十四個精密零件的磨銼和一千二百道工序，根本是不可能的。

弈秋的棋技非常高，有兩個人向他學習棋藝，一個人在學習的過程中專心致志地聽老師講解，看老師下棋，而另一個人卻在學習的時候想著拉弓去射大雁。結果不言而喻，前者從老師那裡學到精湛的棋藝，而後者卻只學到了一點皮毛。這些故事告訴我們一個道理：一個人的能力，唯有在專心的情況下，才能發揮出最佳水準。無論是對弈，還是製作鐘錶，當事者必須心無旁騖、腦無雜念，沉浸於忘情、忘我的境界，一心專注於手中的事情，才會有奇蹟發生。人類歷史上每一項重大發明創造與科學發現，無不證明了當事者其時的心境：心無雜念。不專心致志地做一件事，就想取得成功，那只是空想。所以說，成功真的有什麼祕訣的話，那就是要專心。

成功是因為心無旁騖，而失敗則是因為心不在焉，在雜念的干擾下做如此需要集中精力的工作，不成功也就在情理之中。專心需要很大的代價嗎？沒有，只是需要堅持、冷靜和捨棄。堅持就是要排除一切雜念，要有不達目的不甘休的勁頭；而冷靜更需要有寬闊的胸懷，堅定付出的努力會在不遠的將來開花結果。捨棄是人生不斷面對的，不捨哪有得。古訓有言：欲多則心散，心散則志衰，志衰則思不達。人生如夢，既然欲求世事精彩，那麼，朋友們，就不要貽誤了大好時光，從瑣事中跳出來吧，心無旁鶩、專心致志做事做人，這才是成功的正道！

智慧品人生

成功好像從不屬於那些浮躁、不去認真學習、思考以及做事的人。一個人若想走上成功之路，首先必須有明確的目標。目標一經確立之後，就要心無旁鶩、拋棄心中雜念、集中全部精力、勇往直前。一次只專心地做一件事，全身心地投入並積極地使它成功，這樣你的心裡就不會感到筋疲力盡。不要讓你的思維轉到別的事情、別的需要或別的想法上去。專心、靜心於你已經決定去做的那個重要事情上，捨棄其他所有的事。你就會發現，成功其實離你很近。

2．成功從零開始

合抱之木，生於毫末；九層之台，起於壘土；千里之行，始於足下。——《老子》

在這個世界上，有些人成功了，有些人失敗了，其中這兩者之間最大的區別在於：有的人明白古人所說的：不積跬步，無以至千里；不積小流，無以成江海。而有些人只會抬頭看遠處的風景，卻不懂得顧及身邊的每一件事，把身邊的財富和機遇看成空氣，任其白白流走。

縱觀每個有成就的人，他們無不是從基礎做起，從小事做起。老子曾說：「天下難事必做於易，天下大事必做於細。」任何一種事物都會有一個量變到質變的過程。古人云：「千里長堤，潰於蟻穴」。足以說明一點小問題就能毀掉你的一生。一個成功的人懂得善於從小事做起，努力把每一件小事做好，將來才能做成大事，因為成功來自於積累。

零、小事，乃成功的起步

上帝把零到九這十個數字擺在十個人面前，讓他們從中選一個，只能選其中一個。幾個人爭先恐後地上去，把從九到三的大數都搶走了，只拿到二和一的人，埋怨自己的運氣太不好，只拿到這麼一點。但只有一個人心甘情願地取走了零。其他的人都說他傻：「拿個零有什麼用，還不是什麼也沒有？」但他卻說：「萬事從零開始嘛！」從此以後，他便從身邊的小事，從基礎開始，整天埋頭苦幹起來，終於他獲得了一，加上他原來的零，就便成為十，在他獲得五時，他就擁有了五十……。他把獲得的一切十倍十倍地增加，讓他最終成為世上最富有、最成功的人。

零，在我們的習慣思維中代表什麼也沒有，從零開始就意味著你要放下一切，放下原本擁有的功名、利祿、身分等。不管在成功還是失敗的十字路口，只有做到從零開始，才可能去擁有另一個新天地。

人們問一個成功的企業家，他幾十年穩勝不敗的祕訣是什麼？他笑而不答，只是在紙上畫了一個大大的圓圈，所有的人都不解地看著他。原來，在他二十幾歲第一次坐上董事長兼總經理的寶座時，可謂是風華正茂、意氣風發，公司有億萬資產，這讓他覺得自己的未來定會有所作為。正當他躊躇滿志，天不怕地不怕，認為沒有自己幹不成的事情的時候，他的父親送給他一張畫有一個大大零的紙，他看著那大大的零，百思不得其解，就去向父親請教，父親說：「如果沒有我留下的這些資產，又把你剛要起步的人生看作零，那你還有什麼？」

聽了父親的話，他想了一夜，明白了一個道理：自己什麼都沒有，只有一個零。因為公司的萬貫資產都是父親的，公司的遠大聲名也是父親的，這一切一切的輝煌都不是自己的，自己必須從零做起。認識到這一點，他不管做什麼事，總是一步一個腳印，勤奮謹慎，從公司的最基層工作做起，終於用一塊一塊成功的磚，給自己築起了一座不倒的成功巨塔。

所有的成功都是從零、從小事開始的，就像高樓大廈要從一磚一石開始，千里之行要一步一步地走。伏爾泰曾經說過：「使人疲憊的不是遠處的高山，而是鞋子裡的一粒沙子。」這些都告訴我們，任何人的成功都必須從小事做起，從細節入手。有時候，一件看起來微不足道的小事，或者一個毫不起眼的變化，就能改變原有的一切。

無數的事實證明：生活中，將人擊垮的往往不是那些巨大的挑戰，而是被人忽視的一些小事。當一個人在躊躇滿志去實現自己的理想時，總覺得應把所有的精力都放在最重最大的事上，因而忽略了細節，因為它們是生活的細枝末節，讓你感到微不足道，不予重視，最後卻成為你最大的絆腳石。要知道，每一件大事，都是由無數的小事組成的，對於任何一件小事都不能敷衍應付或是輕視懈怠。一個人要建功立業，就必須從一件件平平常常的，實實在在的小事做起，從零開始。那些整天琢磨幹大事，不鳴則已，一鳴驚人的人，不僅浪費了許多時光，到頭來還是一事無成。

從零，從小事做起來的成功，才是真正的成功。因為在這成功的路上，他已積累了所有成功的經驗，這將是他人生的無窮之寶。

心態歸零，從頭再來

每到子夜，時鐘都會歸零，才會有新的一天；磅秤在稱完東西後，都要歸零，才能使下一次更加精確。人也是這樣，不管是成功還是失敗，都要讓自己心態歸零，從頭再來一次。

人的一生，不可能永遠沒有失誤，而一個人想要成功，就必須要有歸零的心態，有從頭開始的勇氣。就像給杯子倒水，杯子原本是空的，倒入水就滿了，可如果再往裡倒就會溢出來，裝不進新鮮的水，唯一的辦法就是將杯子清空。將以前所有的成功與失敗放下，將心歸零，從頭再來，再去成就一番事業。

每做一件事，只有兩種結果，不是成功就是失敗。成功了又怎樣，失敗了又怎樣？一次失敗並不代表永遠失敗，一次成功也不能代表你一生成功，這只能代表你現在，那以後呢？就此不前了嗎？不能，不管是多麼巨大的成功，也不管是多麼慘重的失敗，都要在過後，將一切歸零，不因成功而驕傲，不因失敗而氣餒。每天都將是新的一天，在現實五彩繽紛的生活中，任何人都不可能只擁有成功，也不可能只擁有失敗。人的一生，就是在成功和失敗之間遨秋韆。

成功一次不難，難的是一輩子持續地成功。失敗一次也不難，難的是讓自己從中走出來。放下往日所有的得與失，放下一切的思想負擔，放下成功後的花團錦簇，放下那些失敗的陰影，放下那成功的豪邁，放下所有的是非成敗，把心歸零，從頭再來一次。重新歸零，是能讓我們靜下心來去發現自身所存在優點和缺點，從而找到更好的彌補辦法，重新歸零，是對自己的挑戰，也是一種人生的挑戰。

智慧品人生

人過一生，沒人能統計出他成功多少次，也記不得失敗多少次，總之一件事，不是成功就是失敗，但為什麼有的人能永遠記在人們的心中，能激勵他人前進，而有的人卻只能默默無聞地過一生。這主要是看他在成功和失敗後能否讓自己的心態歸零。心態歸零，就是要放下成功帶來的光芒，迎接新一輪的挑戰；心態歸零，就意味著從今天開始自己只是一個零，以新的起點，新的希望，等待著新的收穫；心態歸零，並不意謂著結束，而是更新的開始，讓自己以輕鬆愉快的心情來生活，勇敢地迎接新一輪的曙光。

3．不為名利，學以致用

一個人赤條條地到這個世界，最後赤條條地離開這個世界，細想起來，名和利都是身外之物，只有盡一個人的心力，使社會上的人更多地得到他工作的裨益，才是人生最愉快的事情。

——鄒韜奮

人生在世，如果過於看重名與利，計較得失，呆板固執，只鑽牛角尖，心態不好，不管你怎麼努力都是白費的，成功永遠都會遠遠地嘲笑你。而明智一點捨棄一些東西，讓自己通往成功的擔子減輕點；聰明一點把所得到的靈活運用，幫自己找到通往成功最近的一條路才是大智與大悟。

剝棄世俗的外衣，捨名利得真成功

毋庸諱言，重名愛利是人的常態心理。在物慾橫流、精神匱乏的時代，每個人都想成名，每個人都想成功。金錢、地位、名譽似乎成了成功的代名詞。然而在遭遇各種潮流襲來之時，能夠力戒浮躁，力戒隨波逐流，力戒張揚，最後得到的又有多少呢？我們看看那些不為名利所累的人，他們往往都是名利雙收的成功人，而圖名利的人最終都是身敗名裂。

《莊子．秋水》中有這樣一則故事：陽光明媚的一天，莊子正在水邊釣魚。這時楚王派兩個大夫向莊子走去，原來是楚王想聘請莊子：「希望你能到楚國負責政務。」莊子手拿魚竿，沒搭理他們，還是接著釣魚。大臣們苦苦哀求，莊子這才頭也不回地說：「我聽說楚國有一種神龜，它可以運用於占卜，已經死了三千年了，楚王下令讓人用昂貴的綢帛莊重地供奉在宗廟裡。你們說，這隻龜是寧願死了留下骨頭以此為尊貴呢，還是寧願在汙泥中拖著尾巴孤獨逍遙的生存呢？」「當然是拖著尾巴在泥塘裡悠然自得啊！」兩個大夫不假思索地回答。莊子意味深長地說：「那你們就請回吧，我寧可像龜那樣，在汙泥裡拖著尾巴地活著，也不願死後留著枯骨讓人看得很尊貴。」人非善悟而不能拋富貴，拋富貴者方能存真性，留善端。莊子之所以成為後人仰慕的哲學家、思想家、文學家，都是與他的淡泊名利分不開的。

人生最大的成功是認識自己並超越自己。能夠認識自己已經很不錯，超越自己就更是一種能力。個人的滿足比別人的評價更重要。也許，當別人因為金錢地位而洋洋得意時，你也自卑，你也會失落。但當你靜下心來想一想，這一切都不重要。人生在世，趨利避害，追名逐利是人之常情，但應順其自然，適可而止。朱熹就說過：「凡名利之地，退一步便安穩，只管向前便危險。」莫以成敗論英雄，莫以名利論成功。剝棄世俗的外衣，成功就在你的心裡。

學以致用，走好成功第一步

智力過去被視為是與一個人成功直接相關的因素，甚至是一個決定性因素。而現在，人們可以確定，影響成功有三方面的因素：第一是智商，第二是學到的知識，第三是最重要的因素，就是應用知識的能力。對於事業有成的人士來說，他們成功的一個決定性因素，就是知識的可應用性。古今中外許多著名人士為什麼能通過勤奮學習來達到成功的目的？當然不只是因為他們讀過很多書，也不只是他們流過多少汗，吃過多少苦，而在於他們善於把學到的知識變成運用和指導工作實踐的鑰匙。一個人書讀得再多，如果不會運用於工作，那充其量只不過是一個「茶壺裡裝餃子——有貨倒不出來」的書呆子。讀書易，思考難，兩者缺一，就全無用處。一定要學以致用，否則生搬硬套書本上的知識，必然會給你的成功帶來阻礙。

韓信在秦朝末年的楚漢相爭中，輔佐漢高祖劉邦戰勝了強大的對手項羽，創造了輝煌的業績。他之所以能成為一個出色的軍事家，並不是偶然的。一個典型的例子就是《孫子兵法》中的一條計策：「示形於東，擊之以西」。而韓信創造出「明修棧道，暗渡陳倉」，就是靈活地運用了這個計策，為他的著名戰例寫下了一段精彩。西元前二〇六年，韓信先派樊噲、周勃率一萬精兵佯修已被劉邦進漢中時燒毀的棧道，擺出要出兵的架勢，「示形於敵」，使敵麻痺。敵方項羽聞訊立即加強斜穀防禦。而這時韓信卻率大軍西出勉縣轉折北上，順陳倉小道進入秦川，於陳倉古渡口渡過渭河，勢如破竹，倒攻大散關，「擊之於西」。從而奪取三秦，成功收復關中。韓信善於把學到的知識靈活運用於戰爭實踐，結果贏得了勝利。

人們常說學以致用，這句話恐怕在小學的時候就耳熟能詳了。而真正能做到的又有幾個人呢?它是成功的第一步，你連這一步都沒走又怎麼會成功呢?《三國演義》裡的馬謖，自稱「自幼熟讀兵書，頗知兵法」，但在街亭之戰中，只背得「憑高視下，勢強破竹」、「置之死地而後生」幾句教條，而不聽王平的再三相勸以及諸葛亮的叮嚀告誡，將軍隊安紮在一個前無遮罩、後無退路的山頭之上，最後落得一個兵敗地失、狼狽而逃、被斬首示眾的下場。知識是你所得到的，得到了就是你的資本，如果能很好地與實際相結合，那你肯定又與成功靠近了一點。

世界最偉大的哲學家和思想家之一柏拉圖，正是深明學以致用的道理，致力於以他的政治哲學觀點來培養各方面的從政人才，所以他的很多學生都成為了當時著名的政治家。要善於把書本知識與社會實踐相比較，並積極地把書本知識放到實踐中去檢驗。只有這樣，學習才能發揮其應有的作用，成功也不會只是望塵莫及了。

成功的方法很簡單，但簡單並不表示容易。「不以名利，學以致用。」這看似簡單的方法，仔細看來卻也向人們警示著它們的不易，所以才有很多人在通往成功的路上迷失方向。但如果按照這兩個目標前行的話，成功真的就在不遠處。淡泊名利，為成功寫下神聖莊嚴的一頁；學以致用，為成功選擇完美的捷徑。

4．不求急功，持之以恆

無欲速，無見小利。欲速則不達，見小利則大事不成。——《論語．子路》

現在，社會上很大一部分人失去了往日的專心、恆心，很難持之以恆地學習、鑽研、做事，變得越來越浮躁。他們恨不得上午播種下午就能收穫，甚至不播種就收穫。歸根結底，都來源於急功近利的想法。事物的變化皆有規律，人的心性磨礪也有一個過程。持之以恆，循序而行，萬不可急躁。急功近利，欲速不達，終是破壞事物，摧殘自我。

不捨急功之心，便離成功越來越遠

有人曾說，世上只有兩種人，用一個簡單的實驗就可以把他們區分開來。假設給他們同樣的一碗小麥，一種人會首先留下一部分用於播種，然後再考慮其他問題；而另一種人則不管三七二十一把小麥全部磨成麵，做成饅頭吃掉。急迫地追求短期效應而不顧長遠影響；追求眼前的區區小利，而不顧全局的根本利益，這都稱之為急功近利。古語講：欲速則不達。急功是成功的最大絆腳石。

有這樣一個故事：艾詩蒂決定以發展化妝品為成功目標的初期，她沒有用很多資金來打廣告，甚至都沒有把產品打入大型商場。但她在思考著：在合適的時機，把試製的化妝品作為禮物送人，這樣推銷效果肯定會更好。機會總是偏愛有準備的人。當她得知第五街薩克斯百貨公司的助理採購員姆斯小姐因車禍而在臉上留下了疤痕時，艾詩蒂親自送自製的雪花膏給她。一個多月過去了，姆斯小姐臉上疤痕竟然奇蹟般地消除了。因此，沒過幾天，薩克斯公司的化妝品採購員主動找上門來，向艾詩蒂訂購了一大單貨。後來，又有一次在舞會上，艾詩蒂認識了當時紐約美容業的名家海達娜・魯賓斯坦夫人。在仔細觀察這位夫人之後，艾詩蒂禮貌且很直率地對她說：「你長得很漂亮，但是如果你的脖子上再擦上一點雅詩蘭黛粉，那就更美了！」說完，艾詩蒂隨即贈送了一盒雅詩蘭黛化妝品給她。就這樣，要麼是贈送，要麼是郵寄，或是在慈善活動時免費派發，或隨購買的商品一併贈與顧客。艾詩蒂因此贏得了成千上萬的顧客。她堅信：只有這樣才可能獲得成功，清楚「欲取之，必先予之」的深刻道理。

「不想當將軍的士兵不是好士兵」。的確，嚮往成功、追求成功是每一位想成功的人士努力的目標。當然，追求成功並不僅僅在於「敢於追求」，而且還必須建立在自身的能力基礎之上。目光短淺者，一葉障目，不見泰山；只聞到了芝麻的香，而忘卻了西瓜的甜；只看到目前的境況，只看到暫時的貧富盈虧，頭痛醫頭，腳痛醫腳，是急功近利者一貫的行為方式，為了治好頭而不顧腳，為了治好腳又可以不顧頭了。為了擺脫眼前的狀況，可以不顧未來的利益，為了求得一時的痛快，而以長遠的痛苦為代價。由此可見，世俗中很多人都想做一個成功的人，優秀的人，只不過在麵包的誘惑下，失去了忍耐的性子。然而，成功是要講究儲備的，倉庫裡的東西越充足，成功的機會就越大，也才可能走得更遠。成功的路是那樣的遙遠與艱辛，路邊倒斃的每一具屍體都曾是一個在起點上充滿信心、躍躍欲試的活生生的人，對這條路的盡頭都有無限的憧憬。

持之以恆，離成功越來越近

什麼是成功？對於這個問題，每個人都有自己不同的看法。廣義的成功是做成自己想做的事。因此，成功者並不僅僅指在政壇上、科學界取得足以震驚世界的成就的人，它還包括了日常生活中的「成功者」。有時人們把一切成功均歸功於他的天資、智商，以為那些人就那麼聰明，只需要幾天、幾個小時的努力就能獲得成功。但是，人們怎麼能知道他們背後所付出的辛勤汗水呢？

蘇格拉底是希臘的大哲學家，他思想深邃，思維敏捷，關愛眾生又為人謙和。許多青年慕名前來向他學習，聽從他的教導，都期望成為像老師那樣有智慧的人。他們當中的很多人天賦聰穎，都希望自己能脫穎而出，成為蘇格拉底的繼承者。他曾經給他的學生出過一道專題，大概是這樣的：他讓學生先將手臂儘量往前甩，然後再儘量往後甩。接著他自己示範了一遍。從現在開始，每天甩臂三百下，大家能做到嗎？學生可能感到這個問題的可笑，這麼簡單的事簡直就是小菜一碟，於是異口同聲說「能」。過了一個月，蘇格拉底問道：「每天甩三百下，哪些同學堅持了？」有百分之九十以上的同學舉起了手，兩個月後，當他再次提到這個問題，堅持下來的學生只有半數。一年後，蘇格拉底再一次問大家：「請告訴我，最簡單的甩手動作還有哪幾位同學堅持了？」這時，整個教室裡，只有一個學生舉起了手，這個學生就是後來成為古希臘另一位偉大哲學家的柏拉圖。他繼承了蘇格拉底的哲學並創建了自己的哲學體系，培養出了堪稱西方孔夫子的大哲學家亞里斯多德。

成功在於持之以恆，中國古代這樣的例子不勝枚舉：孟母誡子、磨杵成針、樂羊子妻、七口大缸、齊白石化石為泥等等。如果他們不是有持之以恆的精神和毅力，又哪來的成功？成功在於堅持，堅持是最容易做到的事，只要願意，人人都能做到；然而堅持又是最難的事，因為真正能做到的，終究是少數人。柏拉圖堅持做到了，成功就屬於他。

成功的定義與理解有很多，不一樣的人生，不一樣的成功。但最關鍵的一點在於：一旦認准了自己的奮鬥目標，就要持之以恆地為之努力。成功的道路並不一帆風順，但只要我們有信心、有熱情、有目標、能夠持之以恆地堅持努力，成功就會一步一步向我們走來。

智慧品人生

人活於世，每個人都有著自己的生活目標與理想抱負，人人都渴望成功，希望理想與追求得以實現。人生的成功之路更像一場馬拉松賽跑而不是百米衝刺，前一百公尺領先者不一定就能成為最後的優勝者，甚至都不可能跑完全程。在這遙遠的征途上，基礎的積累將會起到決定性的作用。如果你自覺「先天不足」而又已然踏上征程，那就更要格外注意隨時給自己補充「營養」。然而人們往往急於求成，但又隨波逐流，這樣是不可能得到成功的。正所謂滴水穿石、磨棒成針，成功在於持之以恆。

5·減少一點想要的

壁立千仞，無欲則剛。——鄭板橋

有人說，人生就是「有想要的——得到想要的——再萌生另一些想要的」的過程，它的動機是永不滿足。這些「不滿足」總是把人的「想要的」引向更高層次。人們都想獲得成功，但是，什麼是成功的標準？當上大官應該是一個標準，賺了大錢也應該是一個標準，還有就是當了名人或是嫁了名人也該算是一個標準……。人的欲望是無窮無盡的，但是欲望是不可以氾濫的，也就是說，「永不滿足」應該有個剎車裝置，就是適當壓抑「想要的」。不然，欲望失控，「車損人傷」，連成功的邊際都達不到。

成功源於欲望也斷於欲望

一個男孩和一個女孩戀愛了，但由於男孩出身寒微，女方父母堅決反對，女孩只好無奈地提出與之分手。但是欲望促使男孩一定要得到他所愛的女孩，因此不顧一切登門向女方父母表達他對女孩的真愛，遭到了女方父母的嚴詞拒絕。然而他不但沒有死心，反而繼續努力。一個星期後，他再次登門向女方父母表白自己的一片深情和誠意，女方父母強行驅逐他離開家門。他痛苦地走出了女孩的家，但是他卻沒有離去，而是靜靜地站在樓下。當女孩父母知道他不肯離去時，便端起一盆洗腳水從樓上倒下來，他全身濕透。儘管深秋風寒，但他一絲不動，默默地等待。第二天凌晨，當女孩的父母打開窗戶看見男孩還站在那兒等待的時候，女孩父母的心軟下來了，他們招呼男孩走進屋裡，並告訴他：「把我們的女兒託付給你這樣的人，我們放心。」這個男孩的成功離不開他的「一定要」，而他的「一定要」便是他的欲望，這個故事充分證明了成功源於欲望。

欲望是與生俱來的東西，我們都是凡人，都不能免俗，不能脫離欲望，不可能沒有追求，不可能沒有自己想要的東西。女人想有漂亮的容貌，男人想有健壯的體魄；仕途中人想官運亨通，生意中人想財源滾滾；情竇初開的少女期待心目中的白馬王子；行吟詩人渴望旅途中的紅顏知己。但是，有欲望也並非就是好事，有欲望也並不是就一定能成功，關鍵是人們追求欲望的心態，一要積極，二要平和。也就是說欲望可以使一個人慢慢走向成功，也可以讓人走向成功的路在此斷送。當一個人想要的太高或太多時，就會不擇手段、絞盡腦汁，甚至會做出違法的事來。有時，我們會通過努力來滿足我們的欲望，有時我們也會不擇手段，雖然欲望得以滿足，但是我們會在痛苦中掙扎、在算計中呼吸，甚至為此丟了性命，家破人亡，這就顯得有些不值得了。

二十世紀美國大出版商、美國紐約洛倫德出版公司的老闆薩拉・何塞為了賺取更多的財富，試圖在短時間內出版一本關於長壽祕訣的書。於是，他立即組織六名記者深入各地採訪，要求兩周內交稿，三周內出書。書還沒有出版，薩拉・何塞就收到了六百五十萬份訂單。但由於種種原因，前去採訪的記者遲遲未歸，書不能如期出版，薩拉・何塞不得不交付巨額違約金。他因為這件事而緊張焦慮，突發腦溢血，不治身亡，終年五十二歲。最具諷刺意味的是，這套關於百歲壽命的書在他過世後出版了，書中介紹長壽的奧祕中最重要的一條是心態平和。總而言之，人的欲望就像一座火山，若不加以控制，一旦爆發就會後患無窮。古往今來，有多少功成名就的人正是毀於「貪婪」。

成功不能無欲，無欲則讓人懈怠慵懶，不思進取，社會便會停滯不前。而成功的重要祕訣卻是保持心態的平和，減少一點想要的。也就是說，人可以有想要的，但要適度追求，過分強烈，過分膨脹的欲望不但不能帶來成功，反而會危及身心健康。

在一場戰爭結束之後，有一個農夫和一個商人在街上尋找財物。他們同時發現了一堆沒有被燒毀的羊毛，於是兩人商議，將其分半，每人一份。分完之後，他們就踏上了歸程。歸途中，他們又發現了一些布匹，農夫將身上沉重的羊毛扔掉，選些自己扛得動的較好的布匹；貪婪的商人將農夫所丟下的羊毛和剩餘的布匹統統撿起來，重負讓他氣喘吁吁、行動緩慢。走了沒有多長時間，他們又看到了一些銀器，於是農夫扔掉了背著的布匹，將銀器收拾了一些帶走了。但是商人因為拿的東西太多沒有辦法彎腰，所以沒有得到。這時，天降大雨，饑寒交迫的商人身上的羊毛和布匹被雨水淋濕了，他踉蹌著摔倒在泥濘當中；而農夫卻一身輕鬆地回家了。後來他賣了銀器，開創了自己的事業，幸福地過了一生。

如果能夠抑制過盛的欲望，就不會被欲望所困所累，甚至能夠做到化險為夷，避凶趨吉。商人在尋找財物中如果能像農夫一樣，收斂一點貪欲之心，減少一點想要的，稍許丟下一些纏身的重物，也不至於落了個人財兩空。「能要」的意思是說，在個人能力範圍許可下，以努力付出而獲得所需要的東西；但若能力不足，就該退讓，不必強求。在我們的一生中成功有很多方面，包括名、利、權、位、感情等，著實令人欣羨與渴求。但要想得到它，必須仔細想想：自己的能力及付出是否實至名歸？是否已經水到渠成，而不是過度強求？如果付出不夠多，能力、因緣皆不具備，還希望能成功地擁有它，這便是貪圖非分，只會增加痛苦與傷害。因此，減少一份愁苦，減少一份想要的，也就減少一份成功的累贅。

只要努力，成功本可以很簡單。有位哲人曾經說：「人一定要知道自己要的是什麼？否則欲望是無止境的，人云我云會讓我們疲憊不堪！」面對成功，欲望一定要有，否則就沒有了人類前進的動力。但是我們的欲望一定要適可而止！虛榮心、嫉妒心是人本性的弱點，是要靠理智去約束的，是要一個良好的心態去平衡的！太多想要的與不著邊際的幻想除了讓人們倍加痛苦之外，不能帶給我們更多的成功。所以，減少點想要的，讓我們不再成為欲望的奴隸！陽光大海在前，我們淡泊地、快樂地打個盹如何？物慾橫流的浮躁空間中，我們心平氣和地有所取捨如何？

6．瀟灑拋磚，收穫玉之利

顧小利則大利之殘。——韓非子

生活中你會遇到放下西瓜而撿芝麻的情況，愛情裡你會遇到多付出而獲得幸福的情況，學習中你也會有因此放棄玩樂的時間而提高成績的情況……。成功就是這樣，想要品嘗它所帶來的喜悅，就必須要付出更多。

捨得拋磚，輕鬆收穫引玉之利

西元前七百年，楚國發兵攻打絞國，大軍行動迅速。楚軍兵臨城下，氣勢旺盛，絞國自知出城迎戰，凶多吉少，與其束手就擒不如頑強抗戰堅守城池。絞城地勢險要，易守難攻。楚軍多次進攻，都以失敗告終。就這樣，相持一個多月。楚國一大夫屈瑕仔細分析了敵我雙方的情況，認為絞城只可智取，不可力克。他向楚王獻上一條「以魚餌釣大魚」的計謀，他對楚王說：「攻城不下，不如利而誘之。」楚王向他問誘敵之法，屈瑕建議：趁絞城被圍月餘，城中缺少薪柴之時，派些士兵裝扮成樵夫上山打柴運回來，敵軍一定會出城劫奪柴草。頭幾天，讓他們先得一些小利，等他們麻痺大意，大批士兵出城劫奪柴草之時，先設伏兵斷其後路，然後聚而殲之，趁勢奪城。楚王擔心絞國不會輕易上當，屈瑕說：「大王放心，拋下如此香甜的釣餌，不愁它不上鉤。」楚王於是依計而行，命一些士兵裝扮成樵夫上山打柴。城頭上的守軍看得真切，忙向國王報告。絞國國王發令道：「趕快派人前去捉拿楚國的樵夫。」一支輕騎從北門風馳電掣般衝出，來到山下，生擒了三十個楚人。第三天，楚王派出更多的樵夫上山砍柴。絞國國王得訊後，說：「這次要派出更多的兵士給我前去捉拿！」一位謀士跪諫道：「大王，臣以為不可輕舉妄動。」國王喝問道：「這是為何？」謀士說：「昨天我們輕而易舉地捉了三十個楚人，今日他們又派出樵夫，竟然不派軍隊保護，這些樵夫會不會是敵人的誘餌呢？」國王在得了這麼多好處之後哪還能聽進去他的諫言呢？沒聽他說完就發出令旗，調兵遣將。絞軍衝出北門，馳於山下，忽聽金鼓大震，殺聲四起，山林中偽裝得難以識辨的伏兵蜂擁而至，一場惡戰直殺得空中鳥雀驚，山上豺狼奔。絞軍在重重包圍之中難以突圍，在一片吶喊格殺聲中，一個個倒於血泊之中。楚兵大敗絞軍後，又兵臨城下，兩頭夾攻，絞國國王只得簽訂了投降條約。被抓的樵夫是他們拋出的誘餌，當絞國貪婪上鉤時，他們就可以坐收漁翁之利了。想要成功亦是如此，小事放不下會變大事，大事放下了自然變成小，所以想要成功就必須捨得犧牲，楚國正是清楚這一點，才利用「拋磚引玉」之法，一舉殲滅絞國，拿下勝利之旗。

捨得，是成功者的一種領悟，更是一種境界。成功的路上註定充滿坎坷，有時就要面臨很多選擇，如果需要你放下一些東西才會離成功更近一步時，你會做出什麼選擇呢？事實上，很多人都是只顧眼前利益，看不到後面的玉之厚利，於是緊緊抱著磚而不肯放下。而最後繞了一個大彎後成功還是遙不可及，甚至會因為不捨拋磚而踏上失敗之路。成功需要智慧，有時就在於你捨不捨得拋磚那一念，因為引玉真的是要做一些犧牲之後才能達到的。

丟棄昨日失敗，收穫今日成功

布勞曼是美國的游泳運動員，在一九八八年的漢城奧運會上，他在兩百公尺蛙泳項目上僅獲得了第四名。然而他原本是一個很有希望拿金牌的選手，但因失常，而不得不與金牌失之交臂。在回國後的一個多星期裡，他的情緒一直都很低落，但接著他又回到了游泳池，繼續一個運動員的使命。他放下昨日失敗的打擊，不停地訓練著、努力著，以備收穫下一屆奧運會的金牌。他曾經在一次採訪中這樣說：「我在這四年裡沒有一天不想在下一次奧運會上成功，果斷忘記上次的失敗，就是為了在一九九二年再拿金牌。」此後，他已變得不可戰勝，他在一九九二年奧運會上只輸過一次，那是在資格賽中輸給了隊友。在巴賽隆納奧運會上，布勞曼還是成功了，實現了他的金牌夢想。無獨有偶，當布勞曼在巴賽隆納即將享受成功的喜悅時，身為十項全能選手的奧布萊恩卻正在經歷著一場噩夢。一九九二年初期，奧布萊恩剛剛獲得了世界冠軍，所以大家都認為金牌非他莫屬了。奧布萊恩在進行了七項比賽後，成績一直是排名第一的。然而出人意料的是，在撐杆跳高的比賽中，他在自己正常情況下完全能跳過的高度上三次都沒能跳過杆，最後被淘汰。經過了幾個月，奧布萊恩也如布勞曼一樣瀟灑地丟棄自己恥辱的失敗，然後重新振作起來，竟收穫了打破世界紀錄的喜悅。

這就是捨得失敗這塊磚，才會取得成功這塊玉，正如布勞曼如果沒有捨棄失敗之痛，又怎麼能在巴賽隆納奧運會上實現金牌夢想呢？而奧布萊恩又怎麼能打破世界紀錄呢？

一般來說，人們總是習慣於得到而害怕失去。儘管「有得必有失」的道理人人皆知，但人們依舊認為得到了就是可喜可賀，而失去則是可惜可嘆。其實並不是這樣的。有時候失去對我們不是很重要的東西，也許得到的就是對我們來說很重要的東西。事業做得越大，遇到的挫折和失敗也就越多；雄心壯志越大，遇到的障礙也就越大。然而用失敗引來成功，從失敗起步，從頭再來才不失勇者的本色。所以，如果想要成功就必須捨得拋棄失敗，讓它沒有機會給你帶來困擾，讓它作為奪取下次勝利的誘餌！

智慧品人生

成功的人各有各的不同，但是，有一點是作為一個成功者所必備的，那就是他們都知道什麼對於自己來說才是最重要的，什麼是自己要捨棄的——有捨才有得！時代華納公司董事長兼首席執行官迪克·帕森斯認為自己得到過的最佳建議是：「在談判中不要寸利必爭，要給人點甜頭」。只有敢於捨去眼前的小利益，才能獲得長遠的利益。所以我們面對小利時，要學會捨得了，放得下，只有這樣才能走得更遠。

人生該捨的時候一定要捨得去捨，因為上天對人總是公平的，如果你有了捨就有可能得到老天更多的補償。而該捨去的你不捨得去捨，那麼老天很可能會讓你失去更多；假如你得到了不應該得到的，那麼你就有可能得到苦果。

第十二章

領悟捨得，知足常樂享人生

1．淡泊名利，寧靜致遠

非淡泊無以明志，非寧靜無以致遠。——諸葛亮

話說乾隆皇帝有一次下江南微服私訪時，來到江蘇鎮江的金山寺，從這裡可以看到山腳下大江東去，百船爭流的情景，好一派恢弘的氣勢，忍不住興致大發。於是便隨口問一個老和尚：「你在這兒住了幾十年，可清楚每天來來往往多少船隻？」老和尚回答說：「我只看到兩艘船，一艘為名，一艘為利。」和尚一語道破天機。是的，人活世上，無論貧窮富貴，都免不了要和「名利」二字打交道，況且絕大多數的人也是難過名利關的，因為人世間實在是有太多的誘惑，有很多口口聲聲說「視名利為糞土」的人一遇到實際情況便不能自持了。而那些面對誘惑能夠不迷不倒、不亂不癡的人真可謂是聖人了。

名和利雖然和我們每個人息息相關，但實質上它也只不過是身外之物，且追名逐利還會帶給人無盡無休的苦惱。難怪諸葛亮在他兒子八歲的時候就教導他：「非淡泊無以明志，非寧靜無以致遠」。這句話千百年來也成為許許多多人修身養性的名言警句和座右銘。行至水窮處，坐看雲起時，是一種淡泊；古今多少事，都付談笑中，更是一份淡泊。淡泊是一種崇高的精神境界和心態，是對人生追求在深層次上的定位，淡泊是一份豁達的心態，

是一份明悟的感覺。有了淡泊的心態，就不會在世俗中隨波逐流，就不會對他人牢騷滿腹，攀比嫉妒。

人生的大部分煩惱都來自於非分的欲望，只有淡泊的心態才能使人處於平和的狀態。如果你珍惜自己的生命，就請修養自己的身心，千萬不要掉進名利的陷阱中去。人總有一天會走到生命的盡頭，那個時候一切名利都如同過眼雲煙，千金散盡，只有淡泊的精神長存世間。

淡泊，自然灑脫

隨著社會的快速發展，人們在壓力逐漸增大的同時，有著越來越多的欲望，而且也有太多的痛苦。若想要保持清醒的頭腦，從容地走過人生歲月，便不能缺少淡泊。走進淡泊，不是逃避現實，而是在眾多的恩恩怨怨中多一份清醒，多一份思考。人生的道路有進有退，有升有降，有高有低，如果我們能夠認識到平平淡淡才是真的道理，那麼不論在什麼時候都能作出明智的選擇。

有一則關於禪師的故事。一位久經戰場的將軍，他看透了戰場上的生生死死，喧囂紛爭，於是就想出家，安詳地度過後半生。他找到禪師向他說明了自己要出家的原因，並請禪師為他剃度。禪師對他說：「將軍，你先不要急，我認為現在還不到時機，所以你還不能出家剃度。」將軍說：「禪師，你就讓我出家吧，我現在已經毫無牽掛了，我可以放下一切功名利祿，甚至包括我的妻子和兒女。」禪師還是平靜地說：「不急，你的心還是不夠有誠意，有些浮躁。」無奈，將軍只好回家。

第二天，這位將軍為了表明自己的誠心，第二天一大早就來到寺院請求禪師為他剃度，誰知禪師對他說：「你來的真早，但是你不怕你的妻子在家紅杏出牆嗎？」這個將軍一聽惱羞成怒，破口大罵道：「你胡說，她才不會紅杏出牆呢？」禪師笑了笑說：「我昨日說你的心有些浮躁，還不適合出家，你現在該信了吧？」將軍無語……。

其實在現實生活中，像將軍這樣的人還真有不少，自以為淡泊名利，實際上還遠遠達不到。的確，在這樣一個五彩斑斕的大千世界裡，要做到淡泊名利不是一件容易的事情，但淡泊名利者也並非一個沒有。

淡泊能體現一個人的修養，它是一個人的精神境界，是一種不卑微、不凡俗的生存方式和生活習慣。當一個人擁有了不為名利所累，不為人間蜚短流長所左右的生活態度時，他就擁有了淡泊的全部含義。擁有了淡泊的心態，即使世間喧囂浮躁，他也能保持一份「眾人皆醉我獨醒」的非凡境界，即使每天粗茶淡飯，也能攜妻帶子盡享天倫之樂。

寧靜，自然高雅

人生在世，不應該過分地追求「名利」二字，因為名利場上陷阱太多，過分地看重它，你就會深深地陷進去，整日地繃緊神經，挖空心思地活著，如負重的老牛一樣活得太累。鄭板橋在宦海中沉浮了幾十年還是作出了這樣的感悟：「名利竟如何？歲月蹉跎，幾番風雨幾晴和，愁雨愁風愁不盡，總是南柯」。

美國的發明家萊特兄弟於一九〇三年駕著自己發明的飛機首次飛行試驗成功，之後兄弟二人名揚天下。雖然成為世界的知名人物，但他們從不把名聲二字放在心上，仍然只是和以前一樣默默地工作，不寫自傳，也不參加毫無意義的宴會，更不接待試圖採訪他們的新聞記者。

有一次，奧維爾正在和家人一起用餐，吃到一半的時候，他順手從口袋中摸出了一條紅絲帶用來擦嘴，他的姐姐便問道：「哪來的手帕？好漂亮！」奧維爾毫不在意地說：「哦，這是法國政府頒發給我的榮譽獎章，嘴巴上沾了油沒有手帕用，就拿它來代替了。」

萊特兄弟的淡泊名利讓人敬佩，這可不是一件容易的事，這是勇敢，也是骨氣，需要用一生去琢磨，一切都出自本心。淡泊名利可以放飛人的心靈，可以還原人的本性。它能讓人在順境中不怡然自得，身處逆境時也不枉自菲薄，一切都悉由自然。因為真正淡泊名利的人懂得：不能夠恬淡寡慾就不能明確志向，不能夠平和安靜就不能實現遠大目標。

智慧品人生

「名利」——人的一生又有誰不是在不停地追逐，拚命地賺錢，努力地工作，這都可以說是在追名逐利。人活著，有誰敢說沒有追求過這兩個字呢？但也正是因為幾乎所有的人都受到了名利的誘惑，我們的社會才會日復一日地變得複雜，變得令人不可捉摸。實實在在的對待一切事物，豁達客觀地看待一切生活，豈不是會更加瀟灑嗎？人生不滿百，何須名利憂。淡泊名利了，便「日日是好日，處處有風景」。

淡泊名利不是不思進取，而是一種豁達；不是無所作為，而是一種超越；更不是沒有追求，而是一種恬然，它只是對世事的一種淡然心理。所謂「物來則應，物去則空，心如止水，了無滯礙」，說的就是一個人擺脫一身慾望後呈現出的平和心態，只有淡泊名利才能真正地享受人生。

2・拿得起還要放得下

拿得起是一種勇氣，放得下是一種豁達。——魯迅

在這個大千世界裡，有的人活得很輕鬆愉快，而有的人卻覺得沉重壓抑。究其原因，無非是前者能夠拿得起，放得下；而後者是拿得起，卻放不下。可想而知，肩上的負擔越來越重，怎麼不會感覺累呢？但偏偏有很多人寧願承受這種沉重，也不願放棄，他們也常常因為不願放棄而失去更珍貴的東西。也不能怪這些人太貪心，因為在實際生活中，的確是「拿得起」容易，「放得下」卻很難。難怪有人說，人生最大的包袱不是拿不起，而是放不下。

所謂「放得下」，指的是心理狀態，能夠放得下的人無疑是一個豁達的人，這種人能夠輕易地擺脫煩惱和糾纏，使整個身心沉浸在輕鬆悠閒的寧靜之中，即使遇到「千斤重擔壓心頭」時也能把心理上的重壓卸掉，輕鬆自如地面對各種狀況。拿得起，誠然可貴；然而放得下，才是人生處世之真諦。只有放得下，才能更好地把握住該拿得起的東西，你的人生才會有更精彩的結局。

拿得起、放得下，才不失為英雄豪傑

做人要拿得起放得下可以看作是一個人立身於世所必備的能力。拿得起，它大到可以決定一個人命運的戰略舉措，小到一個人日常舉止的每一個細節。它既包括獲取物質財富的絕妙策略，也包括對自我精神的完美塑造。可以說無數成功人士都是精於做人之道的高手，他們紛紛將成就歸功於做人拿得起放得下的策略。拿得起在於不隨波逐流，保持自我；對於人生道路上的鮮花、掌聲，有處世經驗的人大都能等閒視之，屢經風雨的人更有自知之明。但對於坎坷與泥濘，能以平常之心視之，就非常不容易。大的挫折與大的災難，能不為之所動，能坦然承受，這則是一種胸襟和度量。放得下在於通達世故，使自已免遭不必要的傷害。人活在世，有時，你不得不去面對很多你本不願面對的事，但為了生存的需要，你不得不如此。同樣，有很多的事你必須去選擇，或是你沒有選擇餘地必須去拿起來，用你的心智與能力去承受它，拿起來的時候也許容易，也許很艱難，但在必須放下它的時候，有些人放不下來，壓在心裡，成為一塊沉甸甸的石頭。

有這樣一個故事：某天老和尚帶小和尚下山，他們在經過一條大河時，遇到了一位姑娘，因河水湍急她不敢過河。小和尚見狀低下頭合掌唸「南無阿彌陀佛」，而老和尚則背姑娘趟過了河，然後放下姑娘，繼續趕路。

小和尚滿臉疑惑，一路嘀咕著，走了許久，他終於忍不住問：

「師父，你犯戒了！我們不是不能近女色嗎？」

老和尚聽了嘆道：「我都已經放下了，你怎麼還沒『放下』呢！」

其實，在現實中有很多的人像小和尚一樣，即拿不起也放不下，或者是不懂得該如何拿起，又該如何放下。「拿得起」要求我們有足夠的實力，在機遇到來時能夠成功應付，「放得下」則要求我們在面臨困難時，不氣餒墮落，甘於一時的平庸，能屈能伸彰顯豪邁。

放得下是一種豁達

人生的一大憾事，莫過於輕易地放棄了不該放棄的，而比這更遺憾的則是，固執地堅持了不該堅持的。不過我們畢竟都是平凡人，心底都存在著一份自己無法克制的堅持和固執，對親情放不下，對愛情放不下，對金錢放不下，對權力放不下，對名利放不下，對地位放不下。也正是因為這許多外在的東西牽絆住了我們，才使我們的人生過得非常艱難。所以，我們更應該學會放棄。人生短短幾十年，不要給自己留下了什麼遺憾，有智慧的人生，就是當提起的時候提起，當放下的時候放下。

有一位得道高僧，他有三個徒弟，這三個人都很想努力修行。於是，大弟子問高僧：「師父，請您教教我該如何修行？」高僧說道：「放下。」二弟子見狀也問高僧：「師父，那我該如何修行呢？」高僧答道：「拿起。」三弟子更加不明白了，也問：「師父，那我呢？」高僧又答道：「又放下，又拿起。」

三個弟子都把師父的話研究了一個晚上，可還是百思不得其解。第二天，大弟子問高僧：「師父，我為什麼要放下呢？」高僧答道：「你不放下，又怎麼能再拿起呢？」二弟子問：「為什麼大師兄要放下而我要拿起呢？」高僧說：「因為你還沒有拿起，又能放下什麼呢？」

三弟子問道：「那我為什麼又放下又拿起呢？」高僧回答：「因為你放下後沒有拿起，拿起後又沒有放下。」

三個弟子又同時問道：「那麼，該如何拿起和放下呢？」高僧說：「隨放隨拿，隨拿隨放。」

是的，人總要拿得起，放得下，不曾拿起過的，就不會懂得如何放下。生命的過程，就是一個不斷地拿起和放下的過程。每個人都需要拿起一些東西，放下一些東西，拿起也許僅僅需要一些蠻力或一股激情，但放下卻有太多的不甘、不捨、無助和無奈。其實每個人心裡都知道自己真正應該拿起什麼，應該放下什麼，但偏偏很多人在拿起和放下之間徘徊不前，猶豫不決，戰戰兢兢，如履薄冰，最終卻沒有拿起該拿的，也沒有放下該放的。

人生最值得敬佩的是拿得起，生命最大的安慰是放得下。縱觀天下，無數成功人士的業績都歸功於他們做人「拿得起放得下」的策略。

智慧品人生

拿得起是一種勇氣，而放得下是一種度量，拿得起是一種可貴，而放得下是一種超脫。當一個人失意的時候，不妨想想這句話的哲理，人生的道路上並非只有一處如畫風景，生命也並非只有一處燦爛輝煌，別處風景也許更加迷人。選擇什麼樣的生活只在自己的一念之間，是別人無法干涉的，如果此時此刻你並不快樂，也並不成功，那就學會拿得起放得下吧！

生活中沒有什麼東西是永恆不變的，處處都充滿了變數，這些改變其實也就是讓人體驗與成長的機會。當你真正領悟到「拿得起放得下」的真諦時，即便是身處絕境，相信你也能等閒視之、坦然承受，當迷霧消散、塵埃落定的那一刻，你會明白原來放下的感覺如此美妙。但如果你只是一味地沉浸在過去的回憶裡，那只是在浪費生命。所以說，煩事人人有，放下自然無。放下了，你才能活得輕鬆而幸福。

3・知足才能常樂

知足常足，終身不辱；知止常止，終身不恥。——老子

西方曾有位哲人這樣說：「成功是沒有標準的，只要我們盡了最大的努力，發揮出了所有的力量和潛能，而且也盡了應盡的財力和物力，這樣，即使結果仍不是最優秀的，但仍不失為一種成功」。其實，這句話就是告訴人們，人一定要知足，做什麼事情都不必追求最好的結果，只要盡力就好，因為成功並不意味著都是第一。結果固然重要，但過程也自有它的獨特之處。

人的欲望是無窮的，就像是一個永遠也填不滿的無底洞，如果人們總是為了名、為了利而上下奔波，為了錢、為了權而日夜煩惱，讓種種不斷攀升的欲望，驅使著我們努力去工作，去賺錢，結果只能是生活節奏越來越快。同時，我們也陷入了一個越來越深的痛苦深淵，到最後不僅期望的快樂不會如期到來，反而會淪為慾望的奴隸。所以，永無止境的欲望就像是一碗致命的毒藥，無論誰喝了都無藥可醫。只有知足的人才能常常感到快樂，因為只有經常知足，才會在自己的能力範圍內去要求自己，而不是刻意去強迫自己。

不知足者，富貴亦憂

一個人的快樂是別人看不見的，人們只有通過他的外在表現或行為才能有所瞭解，快樂的很大一部分完全是一種心理上的滿足，跟物質的多少沒有多大關係。世間的財富和名利等給人們帶來的快樂，實在是少之又少。一個人哪怕擁有萬貫家產，他從中獲得的安樂又有多少呢？就像一個擁有天下財產、人口的國王一樣，他一生享有的快樂，恐怕遠遠比不上一個大街上的乞丐。

有這樣一個故事：有個大富翁，錢多到以至於他僱了幾十個帳房先生來管理，但還是忙不過來。雖然擁有這麼多讓別人羡慕的財產，但這個富翁卻是每天寢食難安，愁眉不展。而在他的隔壁，有一對窮苦的夫婦，他們靠賣豆腐過日子，儘管日子過得十分清苦，但老兩口每天從早到晚，卻有說有笑，顯得十分快樂。富翁覺得很不明白，便去問一位帳房先生：「為什麼我這麼富有卻快樂不起來，而隔壁的鄰居日子那麼苦還能那麼高興呢？」帳房先生回答說：「老爺，你先不要多問，只需隔牆扔過去幾錠銀子，就會知道了。」於是，富翁趁晚上夜黑無人，將五十兩銀子扔到了豆腐店裡，賣豆腐的老夫婦撿到了「天上掉下來的禮物」，欣喜若狂，他們一輩子也沒見過這麼多的錢財。於是忙著藏銀子，又考慮如何花，還要擔心被別人偷……。這些銀子弄得他們吃不好飯、睡不好覺，日夜難安。從此以後，富翁再聽不到那往日的歌聲和笑聲了，這時才恍然大悟：「原來讓我不快活的原因，就是這些錢財啊！」

對於富翁來說，財富雖然給他帶去了無窮的物質享受，但他的內心卻從未有過片刻寧靜，甚至可以說充滿了痛苦。五十兩銀子打破了賣豆腐夫妻倆的安樂生活，不知他們是否後悔撿了從天而降的財富？誠然，在永不滿足的情況下，或許可以讓人們實現很多的理想，但日子久了，這種可怕的習慣就會和我們如影隨形，直到有一天才猛然發覺：原來這樣的活法這麼累，原來這樣的生活一點都不快樂。

知足者貧賤亦樂

所謂知足，就是對現有的生活或者狀態感到滿足，不去刻意地和別人盲目攀比，時刻保持一種平和的心態。但現實生活中，我們卻總是「在這山望著那山高，在那山又覺得這山聳」，殊不知，其實兩座山是一樣的，只是自己永不知足的心在作怪罷了。這種人永遠不能得到滿足，快樂也就不會光顧他們。只有知足的人才能認識到永無止境的欲望所帶來的痛苦，於是乾脆去壓抑一些根本無法實現的願望，看起來雖然比較殘忍，但它卻能減少許多痛苦。

有個善良的天使，她經常到凡間去幫助一些需要幫助的窮苦人，因為這樣她能感受到幸福的味道。有一天，天使遇到一個農夫，他的樣子十分苦惱，他向天使哭訴說道：「我們家的水牛剛剛死了，沒有牠幫我耕田，叫我如何種農作物呢？」於是，好心的天使就賜給了他一隻健壯的水牛，農夫十分高興，連連向天使道謝。

過了些日子，天使又見到了這個農夫，農夫還是一臉沮喪的樣子，他又向天使說：「我們家的錢被騙光了，這可是我一輩子的積蓄呀！這叫我們一家人可怎麼活呀？」於是，天使又給了農夫許多的財富，農夫又高興地接受了。

後來，天使又去看這個農夫，也見到了他貌美而溫柔的妻子，但農夫說他仍然不快樂，雖然他現在衣食無憂，但他感受不到幸福，要天使給他幸福。天使想了想，說道：「我知道該做什麼了。」說完，她把農夫所擁有的一切都拿走了——拿走了他的錢財，毀去了他的容貌，奪去了他妻子和兒子的性命。過了一個月之後，天使回到農夫身邊，把他從前的一切還給了他。當農夫又重新擁有這一切的時候，他感激地對天使說：「我現在終於知道什麼是幸福了，謝謝你。」

生活中我們總是在考慮自己並未得到的東西，卻往往忽略已經擁有的，不知足者最苦惱。農夫正是因為不知道滿足，才會一次次地向天使索取，當他真正懂得幸福的時候才明白，原來幸福就是自己所擁有的。人心不足蛇吞象，其實我們每個人到底有多大的力量，只有自己最清楚，只有知足者才能保持一種良好的心理狀態，讓自己的需求和承受能力相對地維持平衡。

當然，也不要誤會了知足的含義。知足並不是讓我們目光短淺，不是要我們停滯不前，不是讓我們在現有的成績前自我陶醉而無視人生更遠大的追求。知足更不等同於驕傲自滿，拿自己目前的狀態向人炫耀。知足只是對現實的一種正確的反映，它只是相對而言，並不代表著絕對滿足。可以說，知足是一種平和的處世智慧，它教會人們從不足中找到知足，在不樂中尋到快樂，真正能夠灑脫地做到：「事能知足心常泰，人到無求品自高」。

智慧品人生

有人說：「人擺錯了地方就是垃圾」。細想一下，其實那些不知足的人不正是把自己當成了垃圾到處亂放嗎？他們找不準自己的位置，不能在適合自己的位置上找到更多的快樂，相反卻耗盡了一生的精力想要到達根本不可能實現的目標，即使最後實現了，自己往往也已遍體鱗傷，承受了無窮無盡的痛苦，難道我們一定要「拚命求苦」而置「身邊觸手可得的快樂」於不顧嗎？

知足者有一種適可而止的精神，知足者有一種樂觀豁達的心態，知足者有一種恬靜淡然的處世態度，知足者有一種與世無爭的高貴品質。知足者常能夠在紛繁複雜的社會裡找對自己的位置，並享受那份快樂，所以知足者常樂。

有一種境界叫捨得(十週年典藏版)

作　　者　黃冠誠

發 行 人　林敬彬
主　　編　楊安瑜
編　　輯　李彥蓉、陳佩君、王艾維、吳培禎
封面設計　林子揚
編輯協力　陳于雯、林裕強

出　　版　大都會文化事業有限公司
發　　行　大都會文化事業有限公司
11051台北市信義區基隆路一段432號4樓之9
讀者服務專線：(02)27235216
讀者服務傳真：(02)27235220
電子郵件信箱：metro@ms21.hinet.net
網　　　址：www.metrobook.com.tw

郵政劃撥　14050529 大都會文化事業有限公司
出版日期　2010年10 月初版一刷・2016年12月初版二十五刷
2020年02月修訂初版一刷
定　　價　350元
I S B N　978-986-98287-2-7
書　　號　Growth-108

4F-9, Double Hero Bldg., 432, Keelung Rd., Sec. 1,
Taipei 11051, Taiwan
Tel:+886-2-2723-5216　Fax:+886-2-2723-5220
Web-site:www.metrobook.com.tw
E-mail:metro@ms21.hinet.net

國家圖書館出版品預行編目(CIP)資料

有一種境界叫捨得(十週年典藏版) / 黃冠誠著. --
修訂初版. -- 臺北市：大都會文化，2020.02
368面； 14.8×21公分. -- (Growth ; 108)

ISBN 978-986-98287-2-7

1. 心靈勵志 2. 人生哲學

191.9　　108018451

大都會文化　讀者服務卡

書名：有一種境界叫捨得（十週年典藏版）

謝謝您選擇了這本書！期待您的支持與建議，讓我們能有更多聯繫與互動的機會。

A. 您在何時購得本書：______年______月______日

B. 您在何處購得本書：____________書店，位於____________（市、縣）

C. 您從哪裡得知本書的消息：

1. □書店　2. □報章雜誌　3. □電台活動　4. □網路資訊

5. □書籤宣傳品等　6. □親友介紹　7. □書評　8. □其他

D. 您購買本書的動機：（可複選）

1. □對主題或內容感興趣　2. □工作需要　3. □生活需要

4. □自我進修　5. □內容為流行熱門話題　6. □其他

E. 您最喜歡本書的：（可複選）

1. □內容題材　2. □字體大小　3. □翻譯文筆　4. □封面　5. □編排方式　6. □其他

F. 您認為本書的封面：1. □非常出色　2. □普通　3. □毫不起眼　4. □其他

G. 您認為本書的編排：1. □非常出色　2. □普通　3. □毫不起眼　4. □其他

H. 您通常以哪些方式購書：（可複選）

1. □逛書店　2. □書展　3. □劃撥郵購　4. □團體訂購　5. □網路購書　6. □其他

I. 您希望我們出版哪類書籍：（可複選）

1. □旅遊　2. □流行文化　3. □生活休閒　4. □美容保養　5. □散文小品

6. □科學新知　7. □藝術音樂　8. □致富理財　9. □工商企管　10. □科幻推理

11. □史哲類　12. □勵志傳記　13. □電影小說　14. □語言學習（_____語）

15. □幽默諧趣　16. □其他

J. 您對本書（系）的建議：

____

K. 您對本出版社的建議：

____

讀者小檔案

姓名：______________　性別：□男　□女　生日：____年____月____日

年齡：□20歲以下　□21～30歲　□31～40歲　□41～50歲　□51歲以上

職業：1. □學生　2. □軍公教　3. □大眾傳播　4. □服務業　5. □金融業　6. □製造業

7. □資訊業　8. □自由業　9. □家管　10. □退休　11. □其他

學歷：□國小或以下　□國中　□高中／高職　□大學／大專　□研究所以上

通訊地址：____________________________________

電話：（H）______________（O）______________　傳真：______________

行動電話：________________E-Mail：______________________

◎謝謝您購買本書，也歡迎您加入我們的會員，請上大都會文化網站 www.metrobook.com.tw 登錄您的資料。您將不定期收到最新圖書優惠資訊和電子報。

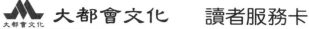

有一種境界叫捨得

十週年典藏版

黃冠誠◎著

大都會文化事業有限公司
讀　者　服　務　部　　　　收
11051 台北市信義區基隆路一段 432 號 4 樓之 9

寄回這張服務卡〔免貼郵票〕
您可以：
◎不定期收到最新出版訊息
◎參加各項回饋優惠活動